中国の脅威をつくった10人の政治家

石平
Seki Hei

徳間書店

プロローグ

中国の脅威をつくったのはだれか

中国が日本、そして世界にとっての「脅威」であることについて、みなさんはすでにご承知でしょう。中国が強大化して脅威になったのには、さまざまな要因があります。では、中国が自力で強大国になったかというとそうではありません。資金、技術、国際的信用と、大いなるサポートが必要なのは自明の理です。

では、中国をサポートしたのはだれか？

それはわが日本の政治家たちです。１９７２年の日中国交正常化以来、50年以上にわたり、日本が中国の近代化、経済成長を援助してきました。

本書の目的は、私たち国民がこれからの対中政策を判断するうえでの指針となり、自分たちの国の脅威をすすんでつくり上げる売国政治家を見抜く参考書となることです。ゆえに、日本はこの五十数年間、いついかなるときに、どうやって中国を助けて、モンスター化に力を貸すことになったのか。10名の政治家の対中国外交を点検しながら、脅威をつくってしまった歴史を辿ってみたいと思います。

本編に入る前に、まずは「脅威」について数字の面から現状把握していきましょう。

国防、軍事において、中国はどれほどの脅威となっているのか。

２０２２年に日本で発表された防衛白書によると、１９９２年から２０２２年までの30年間で、中国の防衛予算は39倍に増えました。その間の防衛費の伸び率は年間２桁以上となっています。

２０２３年の防衛予算は1兆５５３７億元です。その額はアメリカに迫る勢いで、空軍力にしても海軍力にしても、ひと昔とは比べものにならないほど強大化していますし、なかでも中距離弾道ミサイルや超音速ミサイルの一部の能力は、すでに米軍を上回ると言われるほどです。

軍事力の増大の背後にあるのが、中国の経済の急成長とＧＤＰの増大です。１９８０年の時点で、日本のＧＤＰはドル換算で１・１兆ドル。当時の中国はたったの０・２兆ドルで、日本の5分の1以下でした。しかし、徐々に中国経済は成長し、２０１０年に中国のＧＤＰは6兆ドルとなり、日本を抜き、ＧＤＰの規模から見れば世界第2位の経済大国となりました。２０２２年の時点で、中国のＧＤＰは17・８兆ドルまで膨らんだと言われています。この成長に日本の政治家がどう関与しているのか。まずは１９７２年の日中国交正常化から、１９９２年までの20年間を辿ります。

＜軍事的脅威＞

中国の 2022 年の国防予算

約 1 兆 4,504.5 億元

1992 年から 30 年間で

米国防省の分析によれば、中国の実際の国防支出は公表国防予算よりも 1.1 ～ 2 倍多いとされる。

（令和 4 年版防衛白書より）

約39倍

2023 年の国防予算は 約 1 兆 5,537 億元
◎前年度予算額から約 7.2%の伸び
◎日本円で約 31 兆 740 億円 （1 元＝ 20 円で換算）

2023 年の日本の防衛関係費
6 兆 6,001 億円

（令和５年版防衛白書より）

約4.8倍

＜中国の兵力の状況＞

（令和５年版防衛白書より）

陸上兵力：97 万人
　基幹部隊数：219
海兵隊：4万人
　基幹部隊数：8
艦艇数：720 隻 232 万トン
作戦機：3190 機
核弾頭数：350

日本

陸上兵力：14 万人
　基幹部隊数：15

艦艇数：138 隻 52 万トン
作戦機：370 機
核弾頭数：0

◎第4・5戦闘機保有数
2001 年…90
2023 年…1500　約1.67 倍に

◎近代的駆逐艦・フリゲート保有数
2001 年…15
2023 年…88　約 5.9 倍に

目次　中国の脅威をつくった10人の政治家

黎明編

黎明編2

ODAを決め中国の軍事力を高めた政治家

黎明編3

靖國公式参拝取りやめで歴史カードを中国に渡した政治家

黎明編4

対中国制裁の

脅威編

脅威編3

かつては江の傭兵 いまは習近平への 愛に溢れる政治家

脅威編4

快も不快も中国基準 惜しみなく東シナ海の

エピローグ
中国・習近平を圧倒した安倍戦略の凄み、そして日本の対中外交のあるべき姿

装丁／ヒキマタカシ（b.o.c）
DTP／Cパブリッシングサービス
校閲／麦秋アートセンター
編集担当／浅川亨

黎明編1

中国と国交を結ぶために台湾を切り捨てた政治家

日中共同声明

いまや世界の脅威となった中国。その脅威の始まりとなった局面はいつだったのでしょうか。さまざまな見方や意見がありますが、私はその一つを「日中国交正常化」と見ています。

みなさんの記憶にも新しいと思いますが、２０２２年は、「日中共同声明」の発出により、日本と中国が国交を正常化してから50年の節目の年でした。

１９７２年9月25日、戦後の現職総理大臣としては初めて、田中角栄首相が大平正芳外務大臣らと北京を訪問し、中華人民共和国の周恩来《しゅうおんらい》国務院総理、姫鵬飛《きほうひ》外交部長らと国交正常化に関する協議を行いました。

その後、首脳間の会談を経て、9月29日、人民大会堂において日中共同声明が調印されたのです。つまり戦後それまでの期間、幸いなことに日本は中国共産党が支配する「中華人民共和国」とかかわらずにいられたとも言えます。

「日中共同声明」は今日にまで至る厄災の始まり。言うなれば、パンドラの箱を開けてしまったわけです。参考までに「日中共同声明」を振り返ってみましょう。

【日中共同声明】

日本国内閣総理大臣田中角栄は、中華人民共和国国務院総理周恩来の招きにより、千九百七十二年九月二十五日から九月三十日まで、中華人民共和国を訪問した。田中総理大臣には大平正芳外務大臣、二階堂進内閣官房長官その他の政府職員が随行した。

毛沢東主席は、九月二十七日に田中角栄総理大臣と会見した。双方は、真剣かつ友好的な話し合いを行った。

田中総理大臣及び大平外務大臣と周恩来総理及び姫鵬飛外交部長は、日中両国間の国交正常化問題をはじめとする両国間の諸問題及び双方が関心を有するその他の諸問題について、終始、友好的な雰囲気のなかで真剣かつ率直に意見を交換し、次の両政府の共同声明を発出することに合意した。

日中両国は、一衣帯水の間にある隣国であり、長い伝統的友好の歴史を有する。両国国民は、両国間にこれまで存在していた不正常な状態に終止符を打つことを切望している。戦争状態の終結と日中国交の正常化という両国国民の願望の実現は、両国関係の歴史に新たな一頁を開くこととなろう。

日本側は、過去において日本国が戦争を通じて中国国民に重大な損害を与えたことについての責任を痛感し、深く反省する。また、日本側は、中華人民共和国政府が提起した「復交三原則」を十分理解する立場に立って国交正常化の実現をはかるという見解を再確認する。中国側は、これを歓迎するものである。

日中両国間には社会制度の相違があるにもかかわらず、両国は、平和友好関係を樹立すべきであり、また、樹立することが可能である。両国間の国交を正常化し、相互に善隣友好関係を発展させることは、両国国民の利益に合致するところであり、また、アジアにおける緊張緩和と世界の平和に貢献するものである。

一　日本国と中華人民共和国との間のこれまでの不正常な状態は、この共同声明が発出される日に終了する。

二　日本国政府は、中華人民共和国政府が中国の唯一の合法政府であることを承認する。

三　中華人民共和国政府は、台湾が中華人民共和国の領土の不可分の一部であることを重ねて表明する。日本国政府は、この中華人民共和国政府の立場を十分理解し、尊重し、ポツダム宣言第八項に基づく立場を堅持する。

四　日本国政府及び中華人民共和国政府は、千九百七十二年九月二十九日から外交関係を樹立することを決定した。両政府は、国際法及び国際慣行に従い、それぞれの首都における他方の大使館の設置及びその任務遂行のために必要なすべての措置をとり、また、できるだけすみやかに大使を交換することを決定した。

五　中華人民共和国政府は、中日両国国民の友好のために、日本国に対する戦争賠償の請求を放棄することを宣言する。

六　日本国政府及び中華人民共和国政府は、主権及び領土保全の相互尊重、相互不可侵、内政に対する相互不干渉、平等及び互恵並びに平和共存の諸原則の基礎の上に両国間の恒久的な平和友好関係を確立することに合意する。

両政府は、右の諸原則及び国際連合憲章の原則に基づき、日本国及び中国が、相互の関係において、すべての紛争を平和的手段により解決し、武力又は武力による威嚇に訴えないことを確認する。
七　日中両国間の国交正常化は、第三国に対するものではない。両国のいずれも、アジア・太平洋地域において覇権を求めるべきではなく、このような覇権を確立しようとする他のいかなる国あるいは国の集団による試みにも反対する。
八　日本国政府及び中華人民共和国政府は、両国間の平和友好関係を強固にし、発展させるため、平和友好条約の締結を目的として、交渉を行うことに合意した。
九　日本国政府及び中華人民共和国政府は、両国間の関係を一層発展させ、人的往来を拡大するため、必要に応じ、また、既存の民間取決めをも考慮しつつ、貿易、海運、航空、漁業等の事項に関する協定の締結を目的として、交渉を行うことに合意した。
千九百七十二年九月二十九日に北京で

日本国内閣総理大臣　田中角栄
日本国外務大臣　大平正芳
中華人民共和国国務院総理　周恩来
中華人民共和国　外交部長　姫鵬飛

拙速な国交正常化

田中首相が初訪問して、中国と交渉した結果、数日間で国交正常化がなされました。その時代背景を深く考えてみます。

1972年当時の中国は経済的に見ればアジアの最貧国の一つで、非常に脆弱でした。しかも国際情勢は、中国にとって不利というよりも、絶体絶命というような状況になっていたのです。

毛沢東とリチャード・ニクソン大統領　写真：AP/ アフロ

とくに1972年2月21日のリチャード・ニクソン米大統領の訪中の前まではそうでした。

中華人民共和国は、成立とともにソ連と同盟関係を結んで、欧米と対立していました。しかし、1960年代に入ってからはソ連とも大げんかになりました。毛沢東はフルシチョフの平和共存路線を帝国主義に屈服するものとして批判し、関係悪化させたのです。

一時は国境をはさんで紛争まで起こして（1969年3月、ウスリー川の中洲をめぐってソ連との間に国境紛争が起こり軍事衝突）、いずれはソ連に攻撃されるのではないかという不安が生じたのです。

実際、当時のソ連はアメリカと並ぶ軍事大国で、そのころのソ連の軍事力は中国を圧倒していました。

もしソ連が攻めてきたら、中国は共産党政権もろとも崩壊するかもしれない、そういう状況を打開するために中国はアメリカに働きかけたのです。結果、ヘンリー・キッシンジャーの北京極秘訪問を経て、1972年2月に当時のニクソン大統領の訪中となりました。

アメリカとしては、ソ連と対抗するために中国との関係を改善したいという思惑があり、米中双方の思惑が一致したというわけです。いわゆる「ニクソン・ショック」（1971年7月15日に発表されたニクソン訪中宣言と同年8月15日に発表されたドルの金との交換停止宣言）です。

1971年10月25日、第26回国際連合総会において「国際連合における中華人民共和国の合法的権利の回復」が決議（通称：アルバニア決議）されました、中華民国（台湾）は国連安保理常任理事国の座を失い、中華人民共和国が国連安保理常任理事国となり、決議に抗議する形で、中華民国は国際連合を脱退することになるのです。

尖閣諸島の遺恨

問題はニクソン大統領の訪中から7カ月後に田中角栄首相が北京を訪問して、一気に中国との国交を正常化したことです。

なぜならアメリカが実際に中国との国交を正常化したのは、ニクソン大統領の訪中から7年後の1979年。中国との国交正常化にはそこまでの時間を要したのです。日本の場合はそれを一気にやってしまった。当時、田中政権は誕生してまだ2カ月、田中氏は首相になってほやほやの時期の中国訪問でした。

ということは、首相として中国と国交正常化の準備期間は無きに等しい。どう考えても拙速です。「いきなり国交正常化」と言わざるを得ません。

ニクソン大統領の中国訪問は、キッシンジャーがその1年半前に極秘で訪中し、周恩来と会談して米中関係の改善で一致している。つまり、十分に地ならししてからの訪問です。

それでもアメリカは中国との国交正常化には踏み切らなかった。他方、日本はただ一度の中国訪問でそれをやってしまったのです。

周恩来と田中角栄首相　写真：AP/ アフロ

まさに拙速すぎる国交正常化ですが、なぜそういうことになったのか。

田中首相が中国訪問に乗り気になった理由の一つは、中国が事前に日本側に「戦争の賠償は求めない」というメッセージを送ったことが挙げられます。それに田中首相は乗った。

しかし、考えてみれば、そもそも中国が戦争賠償を放棄するうんぬんというのは、まったくとんちんかんな話です。

というのも、日本が戦ったのは中国共産党がつくった中華人民共和国ではなく、中華民国（台湾）です。

中華人民共和国は戦争が終わってからできた国であって、日中戦争の当事者ではない。つまり、もともと中華人民共和国は日本に対して賠償を求める資格はないのです。持っていない権利を放棄するというのは、ただの欺瞞であって、日本はそれに乗る必要はなかった。でも、田中政権は乗ってしまった。

さらに中国が事前に送ったメッセージの一つに、「日米安保条約の容認」がありました。本来、これも中国が容認するかどうかの問題ではないのです。日本が独立国家としてアメリカと同盟を結ぼうが結ぶまいが、中国にはまったく関係のない話です。中国に「容認」してもらうことではない。

要するに中国は本来持っていないカード、言い換えれば機能しないカードを2枚切った。そしてたった数日の交渉で「いきなり国交正常化」にこぎつけた。

この国交正常化にはどういう問題があったのか。

日本と中国が国交正常化しないほうがいいとは私も思いません。ただ、一つ非常に重要な問題がある。それは中国があの時点で、すでに日本固有の領土である尖閣諸島に対する領有権を主張していることです。

日本の領土に対して領有権を主張する中国と国交を正常化するならば、前提条件として中国側に領有権の主張を撤回させなければならない。

日本の領土を自分たちのものだと言っている以上、そもそも日本はそんな国と国交を正常化するべきではない。本来ならば、これを第一の条件として掲げるべきなのです。つまり、日本との国交を正常化するためには、まず中国が自ら尖閣諸島に対する領有権を引っ込めることが必要だったのですが、日本側はそんな要求をまったくしなかったのです。

後日公開された外交記録によれば、周恩来との会談において、田中首相は一度だけ尖閣の話題を持ち出しました。「尖閣の問題についてどう思うか」と周恩来に尋ねると、それに対して周恩来は、「今回はこの話はしたくない。いまこの話をするのはよくない」と軽くかわして、尖閣の問題はそれで終わりです。

信じられませんが、それで終わりなのです。

その後、田中首相は二度と尖閣の問題を口にしなかった。尖閣の問題を棚上げにしたまま中国との国交正常化に応じたというのは、田中角栄氏が犯した大きな過ちと言えるでしょう。

それ以来、中国は尖閣諸島の領有権を主張し続けて、現在に至ります。いまも中国の武装した公船が毎日、当然のように日本の尖閣の周辺にやってきて日本の主権を脅かしている。この禍根をつくったのは田中角栄氏と言えるのです。

実はあのころの中国は日本との国交正常化を望んでいました。急いでいるのは中国のほう、あせっているのは中国のほうだったのです。

というのも、あの時点で中国はソ連との対立の中、ようやくアメリカとの関係改善の兆しが見えてきたところ。とはいえ、アメリカとの国交正常化はできなかった。そこで、アメリカの同盟国である日本に目をつけた。アメリカの代替として日本と国交正常化する、それによって一気に西側の先進国との国交正常化を進めたかったのです。

また、当時の中国は経済的に困窮していたので、国交正常化によって日本からお金を引っ張り出したかった。あらゆる面において、日本との国交正常化に前のめりだったのは中国だったのです。

あのとき日本が、中国の主張する尖閣の領有権を中国側に破棄するよう強く求めれば、いまの状況は変わっていたと言えます。

少なくとも日本の首相が国交正常化の話で訪中するとなれば、きちんと日本の立場を表明しなければいけなかった。「尖閣は日本の領土です。あなたたちが領有権を主張してはならない」と。

しかし、きっちりと言うどころか、むしろ中国に「どう思いますか」とおうかがいを立てた。尖閣は日本の、自分たちのものでしょう？　それなのに、なぜ中国におうかがいを立てる必要があるのでしょうか。

そして、周恩来に軽くかわされたらすぐに引っ込めてしまう。

田中角栄氏は日本の政治家の中では剛腕、豪胆な首相だと認識されていますが、中国の前ではまるっきり弱腰だったと言わざるを得ません。この弱腰での国交正常化が現代まで尾を引くことになるとは田中角栄氏には想像できなかったのでしょう。

復交三原則

「日中共同声明」には「中華人民共和国政府が提起した『復交三原則』を十分理解する立場に立って国交正常化の実現をはかるという見解を再確認する」という記述があります。

それでは中国が出してきた「復交三原則」とは何か？

第一に、中国政府が中国人民を代表する唯一の合法政府であり、一つの中国、一つの台湾という二つの中国には断固反対するということ。

第二に、台湾は中国の一つの省であって、中国領土と不可分の一部である。台湾問題は中国の内政問題であるということ。

第三は日台条約（日華平和条約）。日本と台湾の間に結んできた条約は不法であり、破棄しなければならないということ。

つまり、田中首相と周恩来の間で締結した日中共同声明では、基本的に中国の復交三原則を受け入れてしまっている。もちろん言葉の表現上は日本側に多少の余地を残しましたが、結果的に中国の要求に折れてしまった。

そこで田中政権が中国との国交正常化に伴ってとった行動が、台湾との外交関係を断ち切るということでした。

それが大きな失敗だということはみなさんもおわかりでしょう。中国と国交を結ぶかどうかとは別問題として、日本はそれまで中華民国、台湾ととても友好な関係を保ってきました。

日中戦争、第二次世界大戦が終わったところで、蔣介石総統は日本に対して恩義も感じていたのでしょう。当時の日本軍を全員、無条件で日本に帰してくれた。ソ連のヨシフ・スターリンは日本軍を全員、シベリアに拉致したのに対して、蔣介石は全員帰還させたのです。

そして実は日本に対する賠償の請求権を放棄したのは蔣介石なのです。蔣介石率いる中華民国にこそ、賠償を求める権利があったにもかかわらず、むしろ自ら放棄したのです。

本来ならば、日本は台湾、中華民国という国との信義を守るべきです。中国と外交関係をつくるために台湾を切り捨てたのは、大いに信義に悖《もと》ることであり、これで日本は大切な友人を失うことになってしまった。

そして現在につながる大きな懸念である「台湾有事」。台湾有事はいつ起きるかわからない。もし中国が台湾に手を出して台湾海峡で戦争が起きたら、日本にとって戦後最大の安全保障上の危機となり、経済危機に陥ることは明白です。

もし台湾が中国に占領されでもしたら、日本の安全保障は台無し。そういう状況をつくり出した大きな要因は、日本も含めてアメリカや西欧諸国が現在、台湾を国家として認めていないということなのです。

アメリカにしても、ほかの西側の国にしても、巨大なマーケットである中国と関係を結びたいがために結果的に中国の要求をのみ、台湾との外交関係を断絶した。

いまの台湾が世界基準から見てもちゃんとした民主主義国家になっているにもかかわらず、外交関係においては世界で孤立しているのです。

いま台湾と外交関係を結ぶのは中南米の小さい国しかない。西側の主要国は、どこも台湾と正式に外交関係を結んでいない。

そうなると、中国が台湾侵攻に踏み切っても、おそらく国連決議は出せないでしょう。というのも、アメリカも日本も台湾を国家として認めていないので、中国の台湾侵攻を侵略と定義することすら難しいからです。だから「台湾は内政問題だ」という言い分を中国は通す。

ただ、台湾にとってそんな不利な状況、侵略されても国連が関与できないという状況をつくったのは結局、西側なのです。

その西側の中できっかけをつくったかのはだれかと言えば、やはり当時の日本政府、田中首相なのです。

国交正常化ラッシュ

日中国交正常化が実現したのは1972年9月。これと同時に大平正芳外相は「日華平和条約は存続の意義を失い、終了した」と表明し、台湾は対日断交声明を発表し、日本と台湾は国交断絶となります。

そして何が始まったか？

それ以降、主要国と中国の国交正常化のラッシュが起きてしまうのです。まずアジアの動きですが、1974年5月にマレーシアが中国と国交を結びます。1975年6月にはフィリピン、同年7月にはタイが中国と外交関係を正常化しました。

では、西側はどうだったのか。日本と中国が外交関係を正常化した1カ月後、1972年10月にドイツ（西ドイツ）も中国と外交関係を結びました。オーストラリアとニュージーランドは同年12月、スペインは1973年3月です。

私が数えたところでは、いま中国と外交関係のある国は世界全体で182カ国です。日本が中国と外交関係をつくった後で中国と外交関係を結んだ国が182カ国中101カ国あります。全体の55%、つまり半分以上が日本と中国が外交関係を結んだ後に成立しているのです。

ゆえに日本が先鞭をつけたことで、中国の外交関係拡大が促されたとも言えます。これは日中関係という視点ではなく、世界を動かした国際関係上のエポックと見る必要もあるのです。

さらにここが重要なのですが、日本の国交正常化以降、中国と関係を結んだ国々はすべて、いわゆる日本と同じように中国の「復交三原則」をのんでしまったということ。その意味でも、当時の日本政府の責任は大きい。

アメリカのニクソンの訪中のときは、台湾問題で中国に譲歩することはあまりありませんでした。ニクソンは率先して訪問しましたが、先に述べたように世界各国に先立って台湾を切り捨てて中国と外交関係を結んだのは日本です。アメリカは１９７９年に日本方式をそのままなぞったと見ることができる。

当時の田中政権の台湾に対する態度、中国との国交を結ぶためにあまりにも拙速に、あまりにも軽率に台湾との関係を切ったということが、台湾を国際的孤立に導き、中国がいずれ台湾侵攻するかもしれないという状況をつくり出す発端になっているというのが、私の見立てです。

その後の中国の動き

田中首相訪中の1972年当時、中国は文化大革命の最中で、完全な鎖国政策をとっていたため、国交が正常化されてからもしばらく、日中間で目立った往来や交流はありませんでした。

日中の実質的な交流は1976年に毛沢東が死去してからです。その後、数年間の権力闘争を経て中共政権の実権を握ったのは共産党古参幹部の鄧小平。現実主義者の彼は最高実力者の座につくと、毛沢東時代晩期に崩壊寸前だった中国経済を立て直し、成長路線に乗せることを至上課題としました。

そのために「改革開放路線」を唱え、強力なリーダーシップで経済復興を推進していきます。

「改革」とは、中国に資本主義的競争の論理、市場の論理を導入すること。「開放」とは鎖国政策に終止符を打ち、中国を世界に開放すること。その最大の狙いは当然、外国の資金・技術を中国に導入することです。

経済を成長させるには技術・資金・労働力の三つの要素の投入が必要ですが、当時の中国には労働力はあっても、肝心の技術と資金がなかった。

そこで鄧小平ら共産党幹部が技術と資金を導入する国としてまず目をつけたのは、隣の経済大国・日本です。日本はいまでも世界有数の経済大国・技術大国ですが、1970年代末の時点ですでに世界での存在感は大きかったのです。

日本には鄧小平が喉から手が出るほど欲しい技術と資金がありました。

そして、それを中国に引っ張ってくるために、「日中友好」という心にもないスローガンを持ち出して、日本の政界と財界、そして日本国民を籠絡《ろうらく》する戦略をとったのです。

ODAを決め
中国の軍事力を
高めた政治家
黎明編2

対中国ODA

大平正芳氏は国交正常化の際、外務大臣として田中首相とともに訪中しました。田中首相の訪中を後押しし、国交正常化にも大きな役割を果たした政治家です。

田中首相がそうだったように、当時外務大臣だった大平氏も中国に対して尖閣諸島に対する日本の主権を主張せず、台湾との関係断絶も許してしまった。

そういう意味で、日中国交正常化に関して、田中角栄氏とまったく同じ責任があると言えます。

しかし、中国を太らせ強大化に手を貸した大平氏の最大の〝功績〟は、1979年に彼が首相として中国を訪問した際に表明した中国に対するODA（政府開発援助／Official Development Assistance）です。中国に対するODAを始めたのは首相となった大平氏だったのです。

朝日新聞は2022年8月、「日中国交正常化50年　外交記録は語る」という全13回の連載を展開しました。

その連載の第1回は、大平氏がどうやって国内の反対を抑えて対中国のODAに踏み切ったのかを辿る内容で、その回のタイトルは「1980年、日中に橋をかけた両国首相の往来　国内の反発に大平氏は」というものです。
この朝日新聞の記事によると、当時、中国に対してODAを行うことについて自民党の中で非常に反対が強かった。

国交正常化の際に中国はかつての戦争による損害の賠償請求を放棄しており、対中ODAにはこれを補う面もあった。だが、自民党内の反対は根強く、会合に出向いて説明する谷野が延々と批判にさらされることもあった。
欧米も日本の対中ODA開始に難色を示す中で、最後に決断したのは大平だった。戦時中に大蔵官僚として中国に送られ、日本の占領地域で経済運営に携わった大平は、「日本人の独り相撲」を反省しており、中国の自主的な発展を支えようとした。

しかも当時は欧米も中国に対する日本のODAには難色を示していた。

つまり、自民党の中でも反対があったし、欧米からも「やめたほうがいいんじゃないか」という声があがっていた事案だったのです。

大平首相は国内の反対も欧米の反対も全部はね返してODAを決断した。

なぜ、そう決断したのかは気になるところです。

贖罪意識

2022年9月29日、日中国交正常化50周年を記念して、時事通信社も連載の記事を出しました。その一つが、大平氏の娘婿で、彼の後継者として政治家になった森田一氏のインタビュー記事です（時事ドットコムニュース／対中ODA「戦後賠償の代替」大平元首相、贖罪意識強く　森田一氏インタビュー【日中国交正常化50年】）。

インタビューで、なぜ対中ODAを決めたかということについて、大平首相訪中の秘書官として随行した森田氏は「それは戦後賠償の代わり。大平は（中国への）贖罪意識が非常に強かった」と答えています。

そこが日本の問題です。

森田氏の話は、大平氏が外務大臣として同行した田中首相訪中の話にも及びます。中国側から訪中の誘いがあったときのことも含めて。

森田氏自身の言葉によると――。

―田中氏は72年の総裁選の頃から日中が頭に。

そうです。佐藤（栄作）さんが本当は（日中を）やりたいと思っているのを私は横で見て分かっていたが、中国は佐藤政権では駄目だと相手にしなかった。田中内閣の発足直後に、周恩来首相から9月25日に来ませんかと言ってきた。

―当時国内には台湾派が多かった。

そう。だから角さんは訪中を渋った。「これで失敗したら辞めなきゃいかん。7月に首相になって9月に辞めるなんてあまりにかわいそうじゃないか」と。「決断の角さん」もなかなか決断できず、大平が説得したんですよ。大平は世界

1979年2月2日、来日した鄧小平氏と大平首相　写真：ZUMA Press/アフロ

史的に見ても時機だと思っていた。特に（先に訪中した）公明党の竹入（義勝）委員長の（中国側の戦後賠償請求権放棄などの意向を確認した）メモは大きかった。これで大平は自分の考え通りでいいという確信が持てた。

—この訪中で決着する見通しはなかった。

正直分からなかった。あれだけぶっつけ本番の会談は外務省史上なかったから。

ここからわかるのは、田中首相の訪中も結局、大平氏が説得したのであって、対中国のODAも彼が決めたということ。

そして個人的な贖罪意識で、日本の国民の税金を使って中国を太らせるという、とんでもないことをやってのけた。

実はこのODAは、中国の軍事的強大化、経済発展にとって非常に大きな力となりました。

1979年から始まったODAは、最終的に約3兆7000億円にのぼり、日本は中国にとって最大の経済協力国家となりました。

JICA《ジャイカ》（独立行政法人 国際協力機構）という日本のODAを一元的に行う実施機関があります。同機関による対中ODAの解説に、大平首相が訪中した際に演説した内容の抜粋が掲載されています。

対中経済協力についての日本の考え方
（1979年12月7日、大平正芳総理（当時）の講演より抜粋）

「世界の国々が貴国（中国）の近代化政策を祝福すべきものとして受けとめているのは、この政策に国際協調の心棒が通っており、より豊かな中国の出現がよりよき世界につながるとの期待が持てるからに外なりません。我が国が中国の近代化に協力するとの方針を強く打ち出した所以も、我が国独自の考え方に加えて、このような世界の期待に裏打ちされているからであります」

公共投資

より豊かな中国の出現がよりよき世界につながるとの期待――いまにして思えば、はかない夢物語です。

経済大国としての中国の出現がよき世界につながったことなど、何もないからです。むしろ日本にとっても、そして世界にとっても最大の脅威をつくり出しました。ただ、当時はそういう認識で中国にお金をあげたのです。

そのODAについて政府がまとめた資料によると、1980年代には鉄と港湾、水力発電などのインフラ整備、中国全土の工場の改造など、中国の近代化に必要な協力を中心にして行われてきました。

どれほど中国に貢献したのかということについて、一つの資料があります。国際東アジア研究センターが出したレポートで、タイトルは、「対中円借款と中国の開発政策—日本の政策、中国の政策—」です。

このレポートには興味深い表が出ています。それは「中国の公共投資における円借款の役割」で、日本からの円借款が中国の公共投資にどれほどの割合を占めているかを示すものです。

びっくりしたのは、とくに１９９０年代の金額の大きさです。この表によると１９９２年、まさに天皇陛下訪中の年ですが、その年の中国の公共投資における円借款の割合は10・95％、約11％です。

１９９３年になると、その割合は12・87％とさらに増えた。１９９４年には円借款の占める割合は17・88％、20％近くになっています。１９９５年は12・01％。

公共投資は、中国の近代化を支える、経済成長を支える非常に大きな柱です。日本からのＯＤＡがときには年間の公共投資の20％近くを占めるという事実に驚愕を覚えるのは私だけではないでしょう。

中国の公共投資における円借款の役割

	GDP（百万米ドル）	政府支出（百万米ドル）	基本建設支出（百万米ドル）	日本ODA（百万米ドル）	円借款（百万米ドル）	円借款/基本建設支出（%）
1979	263189.71	82430.23	33099.04	5.70	0.00	0.00
1980	306520.29	82009.48	23115.32	9.75	2.04	0.01
1981	293857.44	66787.33	15109.74	61.09	34.40	0.23
1982	295376.49	64990.96	14220.04	918.60	822.45	5.78
1983	314632.79	71343.90	17461.42	831.53	710.40	4.07
1984	317357.76	73318.56	19573.80	924.91	826.34	4.22
1985	309078.22	68249.30	18884.04	925.28	823.43	4.36
1986	304347.20	63858.79	17263.72	837.38	691.10	4.00
1987	329851.43	60776.98	14014.67	799.99	611.53	4.36
1988	413438.65	66930.23	13292.50	864.51	666.26	5.01
1989	459783.27	74998.61	12793.78	1149.65	923.26	7.22
1990	404494.90	64466.96	11443.99	1071.17	779.70	6.81
1991	424116.17	63617.73	10512.47	832.22	570.75	5.43
1992	499858.56	67859.99	10080.53	1432.17	1103.51	10.95
1993	641063.87	80568.07	10273.07	1655.29	1322.26	12.87
1994	582656.32	67209.59	7422.43	1681.12	1327.17	17.88
1995	756961.71	81707.30	9450.13	1508.72	1143.86	12.10
1996	892011.26	95470.14	10914.38	1199.61	842.06	7.72
1997	985047.89	111384.32	12298.22	996.84	673.68	5.48
1998	1045193.86	130429.18	16762.25	1863.30	1418.49	8.46
1999	1100769.48	159305.05	25567.84	1817.96	1345.81	5.26
2000	1192836.87	191900.71	25305.19	1254.06	853.18	3.37
2001	1316552.90	228372.84	30332.47	1352.37	988.40	3.26
2002	1454032.86	266440.21	37972.64	1620.01	1218.65	3.21
2003	1647925.58	297811.17	41431.48	1509.80	1077.60	2.60
2004	1936502.03	344177.58	41531.75	1709.23	1305.02	3.14
2005	2302723.84	414070.72	49318.80	1922.64	1625.38	3.30
2006	2773854.32	506967.26	55062.56	–	–	–

出典：国際東アジア研究センター「対中円借款と中国の開発政策
－日本の政策、中国の政策－」、p14

中国の経済成長を日本が支えてきたというのは大げさな言い回しではありません。先ほどの朝日新聞の連載「日中国交正常化50年　外交記録は語る」の第13回「対中ＯＤＡが改革開放を支えた　松浦晃一郎・元ユネスコ事務局長」で、松浦晃一郎氏が語っています。

——その後、中国では経済が飛躍する一方で軍拡も著しく、人権問題で欧米からの批判は続き、日本とは歴史や領土の問題も相まって関係が悪化していきます。いま振り返って、天安門事件の翌年に第３次円借款を始めたのは早すぎたと思いませんか。

全然そんなことはない。むしろ、もうちょっと早かった方がよかったのですが、Ｇ７での欧米との関係があり、そうはいきませんでした。担当局長としての私の役割は円借款再開へのつなぎだと思っていました。対中ＯＤＡはその後に中国が成長して役割を終えましたが、日中関係にとって天安門事件の頃は大黒柱なので、いきなり止めたらむちゃくちゃなことになっていた。日本のＯＤＡが改革開放を支えたことは中国の識者も評価しています。やるべき事をやったと歴史的に評価されると思っています。

松浦氏はきれいなことしか言っておられませんが、「実際、何に役に立ったか」というのを詳しく分析したのは元産経新聞の古森義久《こもりよしひさ》氏（麗澤大学特別教授、産経新聞ワシントン駐在客員特派員）です。

古森氏のレポートのタイトルは、「日中国交半世紀の裏歴史、モンスター中国を育ててしまった日本の『莫大援助』」。2022年10月に一般社団法人 日本戦略研究フォーラムで発表しています。

古森氏はレポートの冒頭で次のように述べています――。

戦後の日本の対外関係でも中国に与えた援助の金額は記録破りである。日本政府は1979年から2018年までODA（政府開発援助）総額3兆6000億円を供与した。そのうえに同じ趣旨の中国への経済援助として「資源ローン」という名目の資金を総額3兆数千億円を与えた。日本から中国への援助総額は実際には約７兆円という巨大な金額だったのだ。この資金はすべて日本政府の公的資金、つまり日本国民の税金が基盤である。

つまり、日本人が汗水たらして働き、国のために納めた税金が中国の経済成長を支えていたわけです。

軍事力増強に寄与

ＯＤＡ資金はどのように使われたのか？

古森氏によれば、中国からの要請で選ばれた経済開発のインフラ建設に大部分が投入されたとのこと。たとえば鉄道、高速道路、空港、湾岸、通信網などの建設です。その時代において、中国全土の鉄道の電化の40％、湾岸施設の建設の15％が日本のＯＤＡ資金で行われたのです。

しかし、残念ながらこのＯＤＡという援助は、日本が最初に目標として掲げた日中友好の増進にはまったくなっていない。

なぜなら中国政府は自国民に日本から援助を受けたことをいっさい知らせず、隠ぺいしていたからです。中国国民はだれも知らないのですから、日中友好の役に立つことは何一つないわけです。

そして対中ODAの最大の問題は、この援助が中国の軍事力の増強に寄与したこと

と、古森氏は語っています。

それはどういうことか。

だがこの対中ODAの最大の問題はその援助が中国の軍事能力の増強に寄与した点である。その実態を伝えよう。

第一には日本のODA資金が中国政府に軍事費増加への余裕を与えたことである。

中国政府が非軍事の経済開発に不可欠とみなす資金が多ければ、軍事費には制約が出てくる。だがその経済開発に日本からの援助をあてれば、軍事に回せる資金は増える。ごく単純な計算である。たとえば中国の公式発表の国防費は1981年は167億元、日本円で約2600億円だった。この金額は

1980年代から90年代にかけての日本の対中ODA一年分に等しかった。だから日本のODAが中国の国防費を補っていたといえるのだ。

第二には日本のODAで築かれたインフラ施設が中国軍の軍事能力の強化に間接に寄与したことである。

日本の対中援助で建設された鉄道、高速道路、空港、港湾、通信網などのインフラ施設は軍事的な効用を発揮する。人民解放軍総後勤部（補給や輸送を担当）の楊澄宇参謀長は1998年に『地域戦争のための兵站支援』という論文でこう述べていた。

《戦時には鉄道、自動車道、地下交通路を使っての軍需物資や兵員を運ぶ総合的システムが必要となる》

まさに戦争遂行能力の向上には日本のODAの主対象のインフラ建設が不可欠だというのだった。

1999年はじめに人民解放軍系の『中国国防報』に載った「高速道路も国防の実力」という大論文はもっと直截だった。南京・上海間の高速道路について《戦争が起きたらどれほど大きな役割を果たすかと感嘆した》と書き出す同論文は、中国の高速道路が（1）軍事基地や軍事空港との連結、（2）砲弾やミサイルの被弾への強度、（3）軍事管理への即時切り替え、（4）軍用機の滑走路や軍用ヘリ発着場への即時転用——という要因を重視して設計される、と述べていた。

この高速道路の建設に貢献したのが日本のODAだったのだ。日本は1999年までに中国の高速道路建設に2500億円を提供し、延べ2000キロ12本を開通させていた。

インフラの建設資金が日本から入ってくると、中国は財政的に余裕ができる。その浮いたお金を軍事費に使うという流れです。日本からのODAによって、中国政府はそれと同じ金額を軍事費に使うことができた。

そして日本の援助で建設された鉄道、高速道路、空港、湾岸、通信網などのインフラ施設は軍事的にも使われるということなのです。

中国のインフラ整備と軍事力の増大のために、日本政府はよく頑張ったものです。経済的に太らせるだけに留まらず、中国が軍事大国となることにも、大いに手を貸したことになる。

1997年、古森氏は当時の台湾総統だった李登輝氏にインタビューした際、李登輝氏から「日本政府が中国に援助をすることはわかるが、福建省の鉄道建設強化へのODA供与だけはやめてほしい」と言われたそうです。

なぜなら福建省は台湾侵攻の最前線。福建省の鉄道網強化により、ミサイル、兵隊の運搬を円滑にして、台湾への攻撃能力を高めることになるからです。

しかし、日本政府はすでに福建省の鉄道建設計画に67億円の援助（1993年）を出していたのです。

大平首相が始めた対中ODAは、そのまま中国の軍事

1993年の日本の対中国円借款

内蒙古化学肥料工場建設計画（IV）
神木・朔県鉄道建設計画（IV）
宝鶏・中衛鉄道建設計画（IV）
衡水・商丘鉄道建設計画（IV）
雲南化学肥料工場建設計画（III）
天生橋第一水力発電所建設計画（III）
南寧・昆明鉄道建設計画（III）
鹿寨化学肥料工場建設計画（III）
九江化学肥料工場建設計画（III）
北京市地下鉄第二期建設計画（III）
湖北鄂州火力発電所建設計画（II）
北京・瀋陽・ハルピン長距離電話網建設計画（II）
秦皇島港石炭バース第四期建設計画（I）
瓮福化学肥料工場建設計画（I）
福建省・泉鉄道建設計画
青島開発計画（上水道・下水道）
西安市上水道整備計画（I）
北京首都空港整備計画（I）

力の強大化に利用されたわけです。言い換えれば、日本国民の税金を投入してまで中国の軍事的脅威を育てた。

これは「過ち」というレベルを超えている。

私は「罪」だと思います。自分の贖罪意識から中国の軍事力強化に貢献し、台湾と日本にとっての脅威をつくり出すことに手を貸したのですから。

その後の中国の動き

人民日報運営の「人民網日本語版」が鄧小平氏訪日30周年記念に掲載した回顧記事（2008年12月3日）で鄧小平氏訪日の成果を次のように総括していました。

鄧小平氏の訪日後、中国では『日本ブーム』が沸き起こった。多くの視察団が日本に赴き、多くの日本人の専門家や研究者が中国に招かれた。中日政府のメンバーによる会議も相次いで行われた。官民の各分野・各レベルの交流は日増しに活発となり、経済・貿易・技術での両国の協力は急速に発展した。

人民日報記事の述べる「官民の各分野・各レベルの交流は日増しに活発となり、経済・貿易・技術での両国の協力は急速に発展した」とは、日本が朝野《ちょうや》を挙げて資金と技術を中国に注ぎ込んでいったということです。

前述したように鄧小平氏訪日翌年の1979年から、ODAが日本政府によって開始され、大量の資金が中国に流れました。

さらに、鄧小平氏自らが訪問した新日鉄や松下電器をはじめ、多くの日本企業が競って中国進出を進め、中国国内で投資を始めました。

投資すれば当然、資金と技術の両方を中国に持っていくことになる。

結局、当時の日本政府と日本人は、「日中友好」という世紀の甘言と、「歴史問題」や「尖閣問題」をめぐる鄧小平氏の「善隣友好姿勢」にまんまとだまされて、中国が喉から手が出るほど欲しがっていた資金と技術を注ぎ込んだのです。

中国はそれを利用して産業の近代化を図り、成長戦略の軌道に乗ることができた。

では鄧小平氏は日本からの資金と技術の提供に、本心から感謝したのでしょうか。

いいえ、鄧小平氏は「歴史問題」も「尖閣問題」も忘れてはいませんでした。

1982年6月、歴史教科書検定で「華北侵略」が「華北進出」に改訂されたとの報道が出ると（この報道は事実ではなかったが）、中国政府は早速外交問題にして日本政府に圧力をかけ始めたのです。

そして日本の歴史教科書の記述は「近隣国に配慮しなければならない」ということになってしまった。

彼は事実上、「近隣諸国条項」を日本に強いたのです。

靖國公式参拝取りやめで歴史カードを中国に渡した政治家

黎明編3

胡耀邦との蜜月関係

1980年代を通し、日中両国は「日中友好」の黄金期を経験することになります。そのなかでも日中間の政治関係が親密になったのは、1982年から始まる中曽根政権時代といえます。

この章では中曽根康弘氏の最大の挫折についてひもといていきます。

中曽根首相はレーガン政権と親密な関係を築くことによって、日米同盟の強化に努めたのはよく知られています。実はその一方で、中国に対しても首脳外交を積極的に展開していたのです。

当時の中国は、鄧小平氏が選んだ後継者、胡耀邦《こようほう》総書記も対日関係の増進に多大な意欲を示しており、両者の思惑が一致していた。

1983年11月、胡耀邦総書記は日本を訪問し、中曽根首相との首脳会談で日中関係の四原則について合意しました。この四原則とは「平和友好・平等互恵・長期安定・相互信頼」というものです。

中曽根首相は公式晩餐会とは別に、胡耀邦を首相官邸のプライベートゾーンに招待

中曽根首相（1983年）写真：ZUMA Press/アフロ

訪日中の胡耀邦総書記　写真：AP/アフロ

胡耀邦総書記と中曽根首相夫妻と内輪の昼食会　写真：毎日新聞社 / アフロ

し、自らの家族も交えて食事を共にしました。日中間の首脳同士による家族ぐるみの交流というのは、日中史上初めてのことです。ここから中曽根氏と胡耀邦氏との個人的な結びつきも始まりました。

中曽根氏はその数カ月後に中国を公式訪問します。この訪中で中曽根首相は胡耀邦総書記と通訳だけを加えた膝をつき合わせた会談を行い、新規円借款（ＯＤＡ）の実施について「できるかぎり協力する」と約束し、また中国と共同で「日中友好21世紀委員会」を発足させました。

そして胡耀邦総書記の自宅で催された家族同席の宴会にも招待されたのです。

過去２０００年にもおよぶ中華と日本の

関係において、両国の指導者同士がこれほど親密に交流するのは前代未聞の出来事です。

靖國神社公式参拝

しかし、この蜜月関係が中曽根氏にとっても、日本の国益にとっても仇となります。本書で語る政治家のなかでも、むろん戦後の日本政治史のなかにおいても、中曽根氏は明確な国家理念と未来戦略を持っていた政治家と言っていいでしょう。

国内政治において中曽根首相は戦後政治の総決算を掲げ、１９８５年８月15日に戦後の日本国首相として初めて靖國神社の公式参拝に踏み切りました。

よく知られている話ですが、中曽根首相の８月15日の公式参拝以前、日本の歴代首相は、みな参拝していました。

ただし、８月15日ではなくて、靖國神社の春の例大祭、または秋の例大祭に参拝するのが通常でした。そんななか、終戦記念日である８月15日に首相として初めて公式参拝したのが中曽根首相なのです。

中曽根氏はこれで戦後の政治に一種の区切りをつけたかった。端的に言うと、敗戦国的な立場から離脱したかった。それは日本国民の未来にとって大切なことです。

この行動に対してアメリカは静観、文句を言ってきたのが中国です。

最初は中国側もあまり反応を示しませんでした。ところが、9月18日のいわゆる満州事変（中国では九・一八事変）の記念日に、北京大学で中曽根首相の8月15日の公式参拝に対する抗議デモが起こり、その後、中国政府の中でも政治問題化したのです。

翌1986年、8月15日の前日に当時の官房長官が談話を発表。「近隣諸国の国民感情にも適切に配慮しなければならない」ことを理由として、中曽根首相の再度の公式参拝を見おくりました。その後、中曽根首相による公式参拝は二度と行われることはありませんでした。

中国側に言われてすぐに取りやめた。

そこが一番の問題です。これで中国側に、日本の内政に干渉していい、干渉すれば日本は対応するという経験を与えてしまった。

胡耀邦を守るために

中曽根政権が掲げた戦後政治の総決算、中曽根氏が政治生命をかけて取り組んだ乾《けん》坤一擲《こんいってき》の大仕事は１年も経たずに暗礁に乗り上げてしまいました。

中曽根氏と胡耀邦総書記の蜜月関係は冒頭でふれましたが、彼は深入りしすぎたのです。自由主義陣営の日本の首相が「共産党」のトップと家族ぐるみのつきあいなど、本来やってはいけないのです。隣国との交流としての適度な国家首脳の関係はいいとして、中曽根氏と胡耀邦氏の関係はその度が過ぎている。

これが中曽根氏にとっては大きな仇になったと先述しました。

なぜか？　中曽根首相が靖國神社を公式参拝をした後、「おまえが親しくしている人間は靖國神社に公式参拝した不届き者だ」と、中国共産党内で胡耀邦氏に対する批判も高まったのです。

中国共産党内の改革急進派にして親日として見られていた胡耀邦氏にとって、中曽根首相の行動は彼の失脚を狙う権力中枢の保守派勢力からの攻撃材料になったのです。

そしてそんな胡耀邦氏の窮状は中曽根氏にも伝わった――。

中曽根氏が引退後に著した『天地有情　五十年の戦後政治を語る』（文藝春秋）で明らかにしていますが、公式参拝取りやめの理由の一つは「胡耀邦を守る」ため。それは、日中関係の維持という高度な「政治判断」によるものなのか、それとも胡耀邦という知己に対する「情け」なのかは、中曽根氏は明らかにしていませんが――。

当然ながら、日本の首相に中国共産党のトップを守る義務はありません。よもや結果的に胡耀邦氏が失脚したとしても、共産党内の権力闘争に日本の首相が関与などできるはずもない。

本来ならば、淡々とつきあうべきだった中国のリーダーと家族ぐるみでつきあったことが過ちの始まり。さらに重ねた過ちは、日本にとって非常に重要な首相の靖國公式参拝と胡耀邦氏の立場を天秤にかけて、胡耀邦を取ったこと。それによって、いくつもの厄災が生まれ、跋扈《ばっこ》し始めたのです。

そして、そもそも参拝するかどうかは日本の内政問題ですから、取りやめる必要はなかったのに取りやめた。それが最大の過ちです。

もう一つ、中国はこれで「歴史認識」というものが日本を屈服させるカードになることを知ってしまった。つまり、「味をしめた」のです。

対中国制裁の解除を求め西側を説得する政治家

黎明編 4

天安門事件と経済制裁

１９７９年に大平首相がそれを決め、80年代を通して日本は中国にＯＤＡという援助を注ぎ続けました。それがいったん止まったのは、１９８９年6月の天安門事件が原因です。

中国政府は、天安門とその周辺に集まって民主化を求める若者たちを、戦車部隊まで出動させて血の鎮圧を行いました――。

その残虐非道な中国当局の行いに対し、西側はいっせいに経済制裁を始めます。そのなかで、日本も中国に対するＯＤＡ、すなわち有償資金協力「第3次円借款供与」を凍結したのです。

中国共産党はそれを当てにしていろいろ計画を立てていますから、日本からの円借款がストップするのは困るわけです。

２０２０年12月23日の産経新聞に『【外交文書】中国「円借款は内々に」日本に包囲網離脱求める』というタイトルの記事が掲載されました。これは外交文書が公開されて明らかになった事実を伝えるものです。

中国の李鵬首相が1989年6月の天安門事件の約5カ月後、民主化弾圧を理由に中国への第3次円借款供与を事実上凍結していた日本政府への対応策として、国際社会の目に付かないよう内々に凍結解除への話し合いを進められないかと日本の財界人に持ちかけていた。23日公開の外交文書で分かった。欧米とともに形成する対中制裁包囲網からひそかに抜け駆けし、経済的苦境に陥っていた中国と組むよう日本側に求めた形だ。日本の経済界からは李氏の提案を評価する声が上がった。中国は円借款供与への手応えを感じたとみられる。

李氏が水面下調整を打診したのは89年11月。斎藤英四郎経団連会長を最高顧問とする日中経済協会訪中代表団との会談で「公表せず、作業を少しずつ始めたらどうか」と呼びかけた。「公表すれば欧米の反応、反響が必ず出るだろう」と述べ、私案として日本からの水面下での調査団受け入れを挙げた。

中国政府は円借款を凍結した日本政府に対し「こっそり凍結解除の話し合いをしよう」と、財界ルートで打診してきたわけです。

中国共産党の手先

世界に先駆けて中国への経済援助を再開した国はどこの国でしょう?

残念ながら日本です。そして当時の首相が海部俊樹氏です。

その経緯はどうだったのか。1990年7月、アメリカは当時、ジョージ・H・W・ブッシュ政権でした。

毎年恒例の西側7カ国が集合するサミットがアメリカのヒューストンで行われて、そこで中国の人件弾圧問題が討議されました。1990年7月というのは、天安門事件から1年後です。

このサミットにおいて、対中国政策の転換を求めて西側の国々を説得したのが日本の海部首相。彼は「中国を孤立させてはいけない。中国に対する関係も経済援助も再開しよう」と訴えたのです。

朝日新聞の「日中国交正常化50年　外交記録は語る」の第8回、「天安門事件から1年　日本『中国を孤立させない』、円借款凍結解除へ」によると――。

サミット閉幕後の各国首脳の記者会見で、海部は「中国を村八分にして孤立させることはアジアの平和、世界の安定に役立たない」と強調。だが、仏大統領ミッテランは「日本は中国との特別な関係を強調したが、我々はそれぞれに中国と特別な関係がある。中国には人権問題がある。共通の考えを持つべきだ」と不満を示した。

当時、反対したのはフランス。いまのエマニュエル・マクロンとは正反対です。いまは逆にマクロンが対中国の融和を主張しているのはみなさんもご承知のとおり。そして同記事はさらに別の証言に移ります。

当時官房長官だった衆院議員の坂本三十次が、92年4月に訪中し、副首相の呉学謙とこんなやり取りをしている。

坂本「ヒューストン・サミットで日本は孤立も辞せず、天安門事件後に人権問題で非難されていた中国を弁護し、改革開放政策への支持を訴えた。日本が子々孫々まで友好を望んでいる証拠だ」

呉「天安門事件後、中国は国際的に苦境に陥ったが、海部前総理のサミットでの発言は対中包囲網の突破口となった」

いまは私も日本国民ですが、この証言を読んで、当時の日本政府に対して強い憤りを感じます。

1990 年7月、ヒューストン・サミット。 左からジャック・ドロール（欧州委員会委員長）、ジュリオ・アンドレオッチ（イタリア首相）、海部俊樹（日本国内閣総理大臣）、マーガレット・サッチャー（イギリス首相）、フランソワ・ミッテラン（フランス共和国大統領）、ヘルムート・コール（西ドイツ首相）、ジョージ・H・W・ブッシュ（議長・アメリカ合衆国大統領）、ブライアン・マルルーニー（カナダ首相）
写真：AP/ アフロ

「日本は中国のために孤立することも辞せず」というのは、当時の日本国民の総意でしょうか？

若者たちを「血の鎮圧」で惨殺した中国政府のために自国が国際社会で孤立することを日本国民は望んだのか？

断じて違います。

それでも海部首相は中国に奉仕したのです。

日本国の総理大臣が、人権問題で非難されている中国の弁護をサミットで行うだけでも言語道断ですが、しかもそのために、「日本自身が世界で孤立してもかまわない」とは！

これではまるで海部俊樹氏は中国共産党の優秀なる党員ではないですか。日本の首相なのに、完全に中国共産党の手先となって動いている。

中国の呉学謙副首相は「（海部氏の発言は）対中国包囲網の突破口となった」と評価しています。1992年、坂本氏が中国を訪問したとき、海部氏はすでに首相ではありませんでしたが、それほど高く評価されていた。

日本の首相の行動が〝突破口〟とは、まさに手先、先兵としての評価です。

海部首相が中国を訪問して、ODAの再開を表明したのはヒューストン・サミットの翌月（1990年8月）で、当時の中国のトップはバリバリの反日派（後述）の江沢民氏です。

ここで重要なのは、海部氏の訪中は天安門事件以来初の〝西側の〟首相の訪問だということ。「諸国の対中経済制裁解除を促すことでたいへん貢献した」と、江沢民総書記から海部首相は評価されたのです。

日本国民はおそらくだれも海部氏を評価しないでしょうが、江沢民氏には高く評価された。

河野洋平氏は「江《こう》（沢民）の傭兵《ようへい》」ですが、海部氏は結局、江沢民の先兵だった。私としては「あなたは、江沢民の犬ですか？」と問いたいところですが……。

南京大虐殺という虚言を肯定

彼は2009年に政治家を引退しますが、2010年4月に訪中し南京でのイベントに参加して中国国内で話題になりました。

いわゆる〝南京大虐殺〟を謝罪した首相経験者として。

「日本は歴史上、南京市民に対して許されない過ちを犯してしまった。一人の政治家として、南京市民に深くお詫びを申し上げたい」

そう海部氏は表明して、それは中国のネットユーザーからも「日本に数少ない誠実な政治家だった」と評価されました。誠実でもなんでもない。日本人にとっては不誠実極まりない話です。

日本の元首相の立場で中国の現地に行って、そういう発言をするのは、中国がでっち上げた南京大虐殺という虚言を日本の元首相が認めたということです。

中国国民にとっては、日本が認めたことになる。亡くなった人の悪口を言うつもりはないですが、これは海部氏が犯

江蘇省南京市の「南京大虐殺記念館」。日本の首相経験者としては、村山富市、海部俊樹、鳩山由紀夫、福田康夫の各氏が訪れている。
写真：yozo / PIXTA

した大罪です。

海部氏が亡くなったのは2022年1月。中国からは李克強首相が海部元首相の死去を悔やみ、岸田文雄首相に弔電を送りました。

李克強は弔電の中で、海部氏を以下のように評価しています。

「中日関係の改善と発展の促進に重要な貢献をしたとし、両国人民と歴史に銘記されるだろう」

また、中国の外交部の報道官は定例記者会見で「海部元首相が在任中、日中関係の改善に積極的貢献を行って、退任後も日中友好事業に関心を寄せ、支持してきた」と発言しました。

なぜ日本の首相が、これほどまでに中国のために力を尽くすのか。みなさんも海部氏の媚中的態度には驚愕していると思います。

ヒューストン・サミットでは中国のために弁護して、中国に対する西側の経済制裁解除の突破口をつくった。そして世界に先んじて対中経済制裁を解いて対中国ODA

の再開を決めた。

さらには衆議院選挙でやぶれて政界を引退しても〝元首相〟という経歴をひっさげて訪中し、南京大虐殺という中国による捏造《ねつぞう》を認めて謝罪して帰ってくる——。

記事を掘り起こして、私は憤りが体中を駆け巡っているところです。

天皇陛下ご訪中を決めて共産党政権を蘇らせた世紀の迂闊者

黎明編5

天皇陛下の政治利用

海部首相の献身により中国が孤立化から突破口を開いた流れの中で、5人目として宮澤喜一氏について検証していきます。

宮澤氏の最大の罪（中国共産党に対しては功績）は、中国の要請に従い当時（平成）の天皇陛下（現上皇）のご訪中を決めたことです。

ご存知のように、天皇陛下にはどこを訪問するかを決める権限はまったくなく、内閣が決めたら天皇陛下は行かざるを得ないのですが、なぜ、宮澤首相は天皇陛下のご訪中に熱心だったのでしょうか。

宮澤氏の政治家としての対中姿勢を知るうえで、まずは彼が内閣官房長官時代に発表した談話は押さえておくべきでしょう。

「『歴史教科書』に関する宮沢内閣官房長官談話」が現在も外務省ホームページに残っていますので見てみましょう。

宮沢内閣官房長官談話

昭和57年8月26日

一、日本政府及び日本国民は、過去において、我が国の行為が韓国・中国を含むアジアの国々の国民に多大の苦痛と損害を与えたことを深く自覚し、このようなことを二度と繰り返してはならないとの反省と決意の上に立って平和国家としての道を歩んできた。我が国は、韓国については、昭和四十年の日韓共同コミュニケの中において「過去の関係は遺憾であって深く反省している」との認識を、中国については日中共同声明において「過去において日本国が戦争を通じて中国国民に重大な損害を与えたことの責任を痛感し、深く反省する」との認識を述べたが、これも前述の我が国の反省と決意を確認したものであり、現在においてもこの認識にはいささかの変化もない。

二、このような日韓共同コミュニケ、日中共同声明の精神は我が国の学校教育、教科書の検定にあたっても、当然、尊重されるべきものであるが、今日、韓国、中国等より、こうした点に関する我が国教科書の記述について批判が寄せられている。我が国としては、アジアの近隣諸国との友好、親善を進める上でこれらの批判に十分に耳を傾け、政府の責任において是正する。

三、このため、今後の教科書検定に際しては、教科用図書検定調査審議会の議を経て検定基準を改め、前記の趣旨が十分実現するよう配慮する。すでに検定の行われたものについては、今後すみやかに同様の趣旨が実現されるよう措置するが、それ迄の間の措置として文部大臣が所見を明らかにして、前記二の趣旨を教育の場において十分反映せしめるものとする。

四、我が国としては、今後とも、近隣国民との相互理解の促進と友好協力の発展に努め、アジアひいては世界の平和と安定に寄与していく考えである。

１９８９年の天安門事件で中国は世界から厳しい批判を受け、西側諸国から経済制裁され、国際社会のなかで完全に孤立化。国内でも経済が停滞、たいへんな苦境に陥っていました。ゆえに突破口をつくり出したかった。

そこで、彼らが目をつけたのが日本の天皇陛下でした。

天皇陛下は日本の象徴であって、歴史的に由緒があり、世界的にも非常に大きな存在です。昭和天皇が崩御されたときの大喪《たいそう》の礼には、世界各国から多くの首脳級の要人が弔問に訪れました。

中国も当時、外交部長（外務大臣）の銭其琛《せんきしん》を大喪の礼に派遣したので、天皇陛下の世界的影響力を目の当たりにしていました。そこで、中国政府がたくらんだのは天皇陛下の政治利用です。中国の外交的苦境から脱出するために天皇陛下の威光を利用するということでした。

西側から制裁を受けた結果、海外からの投資は完全にストップしていました。それによって１９８９年、１９９０年の成長率は４％台まで落ち込み、事実上のマイナス成長。このままでは、中国は国際社会から孤立するだけでなく、経済破綻にまっしぐらだったのです。

1992年4月に訪日した江沢民　写真：Fujifotos/ アフロ

困ったときの対日工作、中国は天安門事件の翌年1990年の11月、明仁《あきひと》天皇（現上皇）の即位の礼に外交担当の副首相である呉学謙《ごがくけん》を派遣しました。呉学謙は、自民党の要人や野党の要人たちと精力的に会談を行います。

さらに1992年4月、共産党総書記の江沢民が当時の宮澤内閣を相手に天皇陛下の訪中実現の大詰め工作を行うために日本を訪れたのです。

〝宮澤の執念〟

この一件に関して、再び私が大好き（？）な朝日新聞の記事を引用します。

朝日新聞の「日中国交正常化50年　外交記録は語る」第10回、この回のタイトルは「日中正常化20年目の天皇訪中　宮沢喜一首相の執念、反対論乗り越え」です。

天皇の訪中を実現させたのは〝宮澤の執念〟によるものだと、天下の朝日新聞が書いています。執念ですよ、執念。

いったい、どこの国の首相なのでしょうか？

1992年4月に江沢民が来日して以降、国内にいろいろな反対があるにもかかわらず、宮澤首相は天皇陛下訪中に向かって一気に動き出します。彼が初めて公式に、「陛下に中国へおいでいただくのが望ましい」と明言したのは、江沢民の来日から2カ月後の6月17日に行われた講演の壇上でした。

朝日新聞の記事によれば、この発言がさらに自民党党内の反発を招きます。


「陛下が中国においでいただくのが望ましい」踏み込んだ宮沢氏

ただ、反対運動はきな臭さを帯びていた。外務省を訪れたとされる「右翼団体よりの申し入れ」という5月11日付の文書には、「天皇に即位した以上は国の祭祀《さいし》に専念すべきだ。渡辺（美智雄）外相はなぜ中国側に媚《こ》びた発言を行うのか。かかる発言がテロを招くのであり、国賊的行為である」とある。中国課は警察庁とやり取りし、「天皇陛下御訪中反対団体リスト」も作って警戒していた。

6月、宮沢が動き出す。天皇訪中への牽引《けんいん》役だった渡辺が5月末に腹痛で入院し、7月に公務復帰するも8月まで病院から通う事態となった。宮沢は自民党で反対論が噴きだした2月以降、自身は発言を控え「冷却期間」を置こうとしてきたが、6月17日の講演で「陛下に（中国へ）おいでいただくのが望ましい」と踏み込んだ。

だが、これが再び自民党内からの反発を招く。外務省アジア局長の谷野作太郎に頼まれ反対派を説得しようとしていたベテラン議員は18日に「（天皇）訪中はもうだめだ」ともらし、19日には反対派の若手7人が首相官邸を訪れ、宮沢に様々な疑問を突きつけた。

1992年10月に訪中した天皇陛下。写真：AP/アフロ

反対理由は、天安門事件の後で天皇陛下が訪中されると結局、中国の人権弾圧を日本として認めることになり、天皇陛下の権威を傷つけ汚名を着せることになる――。

それに対して宮澤首相は、橋本恕《はしもとひろし》中国大使を日本に帰国させて、首相経験者、自民党幹部への根回しをし、関係者、反対勢力を説得させます。

この根回しはどういうもので、どのように説得したのか、そこは明らかになっていないのですが、自民党内の雰囲気も徐々に変わっていきました。

宮澤首相は7月の参議院選挙を乗り越えたところで、自らが歴代首相の説得に乗り出します。竹下登氏、中曽根康弘氏を説得して結局、皆が「宮澤に任せる」という話になったわけです。

宮澤首相は根気強く、執念深く、自民党内の反対を抑え込んで、中国にだけメリットのある天皇陛下の訪中を実現させました。

1992年10月23日、北京空港に到着した天皇・皇后両陛下は、空港から釣魚台国賓館までの沿道を埋め尽くす「歓迎群衆」に手を振りながら、日本の天皇として初めて、中国の首都に入られました。

6日間の訪中で、天皇陛下は当時の江沢民共産党総書記、楊尚昆《ようしょうこん》国家主席などの中国最高指導者と相次いで会談したほか、古都の西安などを訪れ、いたるところで中国側による国家総動員の「熱烈歓迎」を受けたのです。

その結果、天皇訪中は、世界中に日中両国関係の「緊密さ」を鮮烈に印象づけることになりました。

突破口

中国側が日本の天皇の訪中を要請し、「熱烈歓迎」した最大の狙いは、ご推察のとおり「日中友好」などではありません。まさに「日中の緊密さ」を世界中に示すことであり、それを外交的に最大限利用するためです。

当時の中国外相だった銭其琛が引退後の2003年に出版した回顧録『外交十記』のなかで、国際的な中国包囲網の突破口として日本を選んだ理由を綴っています。

日本は中国に制裁を科した西側の連合戦線の中で弱い部分であり、おのずから中国が西側の制裁を打ち破る最も適切な突破口になった。

天皇訪中が実現すれば、西側諸国が中国との高いレベルの相互訪問を中止した状況を打破できるのみならず、日本の民衆に日中善隣友好政策をもっと支持させられるようになる。

この時期の天皇訪中は西側の対中制裁を打破する上で積極的効果があり、その意味が明らかに日中両国関係の範囲を超えていた。

彼らは利にさとく、よく見ています。

結論としては、当時、天皇陛下の訪中に対して、自民党のなかでも首相経験者の間でも根強い反対があったにもかかわらず、江沢民の働きに応じて宮澤首相が執念深く、あらゆる根回し、工作を行って、天皇陛下ご訪中を実現させた。

それは西側の対中国制裁という団結をつぶし、人権問題を棚上げにして、江沢民政権を助けることにつながったのです。

その後の中国の動き

海部氏のところでも軽くふれましたが、この江沢民政権こそ、歴代中国共産党政権のなかで最も反日的政権だったのです。

１９９８年、江沢民氏は再び訪日します。

1998年11月25日、6年振りに訪日した江沢民国家主席
写真：代表撮影/AP/アフロ

このとき中国は完全に復活していました。そして江沢民は、宮中晩餐会において天皇陛下を侮辱するという暴挙に出たのです。

このことに関しては拙著『ＢＣ２２１－２０２３脅威と欺瞞の中国皇帝政治二千年史―日本人が知らない異世界「中国」の行動原理を見抜く』（徳間書店）で述べているので引用させていただきます。

> 時は流れて1998年11月、江沢民は6年振りに訪日する。
>
> 当時の中国は天皇陛下の訪中を突破口にして経済制裁を解いても

らい、経済の立て直しにもある程度成功し、米国クリントン政権とも良好な関係を築き、国際的立場も強くなっていた。

6年前は日本に泣きついてきた弱い立場だったが、今は自分たちが優位に立ったと思ったのであろう、態度は豹変。日本訪問中、江沢民はいたるところで歴史問題を持ち出して「日本人は歴史を学べ」などと演説し、激しい日本批判を展開し、威圧的かつ横暴な態度を貫いた。

何より日本人として許し難いのは天皇陛下主催の宮中晩餐会で江沢民が無礼千万の振る舞いをしたことだ。江沢民は宮中晩餐会のスピーチで歴史問題に触れ、「日本軍国主義は対外侵略拡張の誤った道を歩んだ」「我々は痛ましい歴史の教訓を永遠にくみ取らなければならない」と、日本を非難したのだ。

しかも非礼はスピーチだけではない。主催の天皇陛下をはじめ出席者全員が、ブラック・タイの礼服を着ていたにもかかわらず、江沢民はいわゆる黒い中山服（人民服）という平服姿で出席。すべてが天皇陛下と日本に対する侮辱だったのである。

まさに「恩を仇で返す」の典型である。江沢民政権が日本に対してやった2

つのこと。ひとつは国内の反日教育。もうひとつは外交的に日本を散々侮辱したという歴史的事実があることを日本人は忘れてはいけないのだ。

江沢民政権は13年間続き、２００２年に終わった。

しかし、この十数年間に及ぶ反日教育の結果、多くの中国国民、特に若者たちに、現実的な理由もなければ根拠もない激しい日本憎悪の感情が植えつけられた。日本憎悪がその時代の風潮だったと言ってもいい。

中国の脅威をつくった10人の政治家

黎明編 総括

国交正常化から天皇陛下訪中まで20年の対中奉仕の成果

ここまで語ってきた田中角栄氏から宮澤喜一氏までの5人の首相、日中関係の時間軸でいえば1972年の国交正常化から1992年の天皇陛下のご訪中までの20年間となります。

5人の間にはほかの首相もいますが、5人の首相がどれほど中国を助け、どれほど中国の強大化に尽力し、どれほど中国の対日本の立場を強くしてあげたかということがおわかりいただけたかと思います。

驚くべきことに日本の首相のやってきた仕事は、日本の対中国の立場を強くするのではなく、中国の対日本の立場を強くすることであり、自業自得で世界中からのけ者にされた中国を救うことでした。

この5人の〝奉仕〟により、中国は日本に対して優位に立ち、経済も成長して強大化の道を歩き始めました。それがこの黎明編の20年です。現在の自民党の親中、媚中《びちゅう》と言われる人たちが生やさしく見えるのではないでしょうか。

自民党は一時の安倍晋三政権以外は、いろいろな意味で親中ばかりです。みなさんは「親中」というと政治家個人の「利権」や「金」という言葉が思い浮かぶと思いますが、いまと比べたら黎明編の5人の首相は、スケールが違う。日本の政治家が関与することによって生じた結果を見て衝撃を受けていると思います。

日中国交正常化しかり、ODA、G7サミット、天皇陛下訪中と、中国が得た国際規模の利得ははかりしれません。

20年間、日本が与え得るあらゆるものを十分、中国に捧げた。そしてこの20年間で中国を太らせる施策はほとんどやってしまったとも言えるのです。

では、それ以降、現代まで続く30年間は何なのか？

天皇陛下訪中の1992年から2023年までの約30年間、中国は史上最大にして最長期間の高度成長を成し遂げ、日本を抜き去って世界第2位の経済大国となりました。高度経済成長の上に成り立つ中国の軍事力と外交力の増強は、日本と周辺国の安全保障を脅かし、世界の「脅威」へと成長してしまった。

後半は日本の媚中政治家たちの「脅威」への貢献を辿ります。

中国のWTO加盟のために
G7サミットで
熱く燃えた政治家
脅威編1

世界市場を中国に解放させた日本首相

前半では中国の強大化に非常に貢献した政治家として、ＯＤＡを推進した政治家、中国が外交的孤立に置かれた中で、天皇陛下のご訪中を実現させることで中国の起死回生に貢献した政治家などを挙げました。

ここまでは、中国という国が地力をつけて、世界に打って出る準備期間と言ってもいいでしょう。

後半はだれから話を始めるかというと、橋本龍太郎氏です。

橋本氏が中国に貢献した内容は、ある意味では黎明編の先輩の首相より貢献度が高いかもしれません。

ＯＤＡも中国の経済成長の初期段階でかなり中国の力になりましたが、考えてみれば中国の経済力の強大化にこの数十年間、一番大きく貢献した、あるいは中国の高度成長の大きな転機となったのは、ＷＴＯ（世界貿易機関）への加盟です。

ＷＴＯに加盟することによって、世界の市場は一気に中国に開放されたのです。

中国がＷＴＯに加盟したのは２０００年代に入ってから。正確には２００１年12月ですが、翌2002年から2023年までの21年間、国際市場が開放されたことによって、中国は莫大な利益を得ることになりました。対外輸出が一気に増えることで、中国はいわゆる世界の工場になったのです。

もちろん2022年から状況は変わりつつありますが、少なくとも2002年から2022年までの20年間は、WTOへの加盟がまさに中国の高度成長と国力の増大をもたらしました。

もう、予想できているかもしれませんが、中国のWTO加盟において、世界中の政治家の中でも、いや、場合によっては中国の政治家よりも熱心に中国のWTO加盟を支持して、しかもそのために頑張ったのは日本の首相なのです。この日本の首相がいなければ、中国はWTOに加盟できなかったかもしれません。

WTOの加盟以来、中国の経済はどう変わったのか。中国がWTOに加盟したことで中国の貿易額は世界トップになりました。それに伴って、中国のGDPも爆上がりしたのです。

WTOに加盟してからしばらく経った2010年には、中国のGDPはすでに日本を抜き、いまや日本の約3倍になりました。

デンバー・サミットの記者会見で質問に答える橋本首相　写真：ロイター / アフロ

そのきっかけをつくったのはだれか?

当時の橋本首相なのです。このWTOへの加盟は、中国を強大化させただけではなく、WTOそのものもだめにしてしまいました。

WTOに加盟した中国はむしろルールを乱したのです。ほかの加盟国から提訴されたケースは47件にのぼっています。これは日本が同じ期間で提訴された件数の約9倍です。

アメリカもトランプ政権においては、「アメリカが中国のWTO加盟を支持したことは明らかな誤りだった」と認めています。

しかし、アメリカに先立って、アメリ

カ以上に中国のＷＴＯ加盟を支持したのは当時の橋本龍太郎首相であって、日本が支持したからこそ、アメリカがついてきたというような感じなのです。

その根拠は何か。一つの資料をお示しします。

官僚として経済産業省の通商政策局北東アジア室長という要職を務めた津上俊哉氏という方がおられます。いまは経産省から出てフリーになっています。津上氏とは以前、『Ｖｏｉｃｅ』という雑誌で対談したことがあります。

彼は２００９年６月３日、ご自身の「津上のブログ」、『「百年に一度」の経済危機が中国にもたらすもの（その５）』というタイトルの記事で、このＷＴＯ加盟について語っています。

（前略）故橋本総理は中国ＷＴＯ加盟交渉に熱心だった。１９９７年、中国の早期加盟促進というスタンスを採るか否か（米国は甚だ消極的だった）で割れていた各省庁の尻をたたき、Ｇ７サミットのつど各国首脳に早期加盟の意義を説いた。

つまり、G7という集まりにおいても中国のWTO加盟の最大の旗振り役は、当時の日本の首相・橋本龍太郎氏だったのです。

G7サミットで各国の首脳を説得して回るほどのバイタリティ。そもそも日本の首相はだれから給料をもらっているのでしょうか。橋本氏は日本国民から給料をもらいながら、中国のWTO加盟のために一生懸命頑張ったのです。

日本はこの方針に基づいてジュネーブ多国間交渉だけでなく関税引き下げやサービス開放などを巡る日中2国間交渉を加速しようと中国に持ちかけたが、当初中国は乗ってこなかった。

いままでからすると、それは逆でしょう？

中国が日本に働きかけるのが普通なのに、「早くWTOに加盟しようよ」と日本が中国に働きかける。

こともあろうに当の中国は早急なWTO加盟にはそれほど乗り気ではなかったとは！　どういうことなのでしょう。

「米国の属国なんだから、交渉であまり先走ると親分から叱られるんじゃないの?」くらいに見られていたのだ。

しかし、橋本総理がG7サミットで欧米に向かって早期加盟論をぶったと聞いてようやく「事務方の口先だけじゃなさそうだ」ということになった。それ以降交渉は加速され、日本は関税引き下げなどの成果を手に入れて1999年、世界主要国に先駆けて交渉終結を宣言した。

というのも、中国のWTO加盟は、まずいろいろな加盟国と個別に交渉しなければならず、その交渉が成功して初めて中国は加盟できるからです。

中国指導者はその後訪中した日本要人に繰り返し「WTO早期加盟支持に感謝する」と述べたものだ。

これが当事者、経済産業省の通商政策局北東アジア室長としてかかわった津上氏の証言です。中国のWTO加盟の一番の旗振り役で貢献者は、中国の首相ではなくて日本の首相だった。みなさん、どう思われますか?

日本の首相として、中国のためにそこまで頑張るとは――これはもう世界史の奇跡と称してもいいほどです。

日本国の首相である橋本氏が他国の利益のためになりふりかまわずに頑張った。これには「いったい何のために日本に生まれて、なんのために総理になったのか。中国共産党のために首相になったのか!」と言いたくなります。

自らすすんで尽くす

歴代の親中派の首相と橋本氏が大きく違うところは、中国からのアプローチに応えるのではなく、自らすすんで尽くしたところです。

逆に中国は反応が鈍かった。それなのに橋本氏は中国に、「早くやろうよ。早くやろうよ」と擦り寄ったのです。

要するに、ご主人様より使用人のほうが、ご主人様の利益促進に熱心だったということです。

津上氏は、以前、彼と同じように通産省に勤めていて、後に横浜国立大学の教授になった荒木一郎氏と中国のＷＴＯ加盟について対談しています（独立行政法人経済産業研究所のホームページに掲載）。

掲載された対談の記事の冒頭には、中国がＷＴＯに加盟した２００１年当時の中国のＧＤＰは日本の３割程度だったが、２０２１年には日本の３倍になったとあり、対談の中で津上氏は、当時の状況を語っています。


実は、最初の頃は中国のＷＴＯ加盟交渉は、日本政府部内でまったく重視されていなかったのです。「どうせ米国が最後に交渉で決めるのだから、米国に任せておけばいいんだ」というのが政府内の多数だったと思います。外務、通産、大蔵、農林の通商担当4省でも、中国の加盟問題はちびっ子管理職の担当でした。ですが、１９９４～95年の４省の管理職が意外と馬が合って、その４人で「この話は大事だ。日本にとって中国は加盟させるべきだ」とそれぞれが役所の中で説得していた記憶があります。こうした声がなぜか橋本総理の耳に入り、「うん、これは大事だ」とサミットのたびに「中国をWTOに加盟させせないといかん」と話しておられました。

では、具体的にサミットでどのように各国を説得したかを見てみましょう。２０２２年９月４日の朝日新聞のホームページの、日中国交回復を記念した記事「これが日本の望んだ中国なのか　深まった経済依存、夢見た協調は…」を参照します。朝日新聞の編集委員の吉岡桂子氏がけっこう詳しく書いています。たとえば１９９６年、フランスのリヨンで開かれたＧ７サミットでの様子です。

１９９６年６月、フランス・リヨンで開かれた主要７カ国首脳会議（Ｇ７）。「中国の世界貿易機関（ＷＴＯ）への早期加盟が重要だ。中国を国際的な枠組みに迎え入れる努力をすべきだ」

席上、日本の首相の橋本龍太郎は、欧米首脳との個別の会談を含めて熱心に訴えてまわった。

リヨン・サミットでの橋本首相（当時）　写真：代表撮影/AP/アフロ

日本の首相がサミットへ行ったら、日本の国益のために諸外国を説得するのが本来の役目でしょう？　ところが、彼は中国の国益のために尽力した。

サミットでの個別会談というのは、そもそもが短い時間の中で日本の国益のために何か相手を説得する、それで精一杯です。しかし、彼が一番熱心に説いたのは中国のＷＴＯへの早期加盟だった。

この記事を読んで、「そこまで中国のために尽くすのか。日本国民のために、そこまで尽くしたことがあるのか！」と、私は憤りを感じます。さらに記事を読み進めていきます。

この時、中国が民主化運動を武力で弾圧し、世界に衝撃を与えた天安門事件から まだ7年。橋本は蔵相だった91年、事件後に初めて訪中した西側の主要経済閣僚でもある。

「中国のWTO加盟を強力に支持する」が口ぐせだった。

1991年——天安門事件は1989年6月なので、その直後です。天安門で殺された若者たちの血がまだ乾いていないかもしれない。そういう時期に西側の経済閣僚の中で、彼がだれよりも先に訪中。それ以来、中国のWTO加盟を強力に支持するというのが口癖になりました。そして日本の主要閣僚、日本の政治家の口癖も「中国を加盟させせよ」となったのです。

橋本龍太郎という政治家が、天安門事件の直後に中国を訪問して、中国でどういう接待を受けたかは、私も知らない。どういうおいしい思いをしたかはわからない。しかし、それ以来、橋本龍太郎という政治家の使命は、中国共産党のために尽くすということになったようです。

橋本に続く首相の小渕恵三も、流れを引き継いだ。中国との関係を重視した田中派・竹下派の系譜だ。

日本は99年7月、小渕の訪中にあわせて、主要国の先陣を切る形でWTO加盟にかかわる二国間交渉を終える。これが呼び水となり、米国なども動いた。

中国は2001年12月、正式にWTOに加盟した。外資を呼び込み、新たな世紀に破竹の成長をとげていく。

さらにもう一つ、資料を示します。1997年1月20日、第140回国会において、橋本首相が施政方針演説を行ったときのものです。

日本、米国、中国のいずれの二国間関係の前進も、アジア太平洋地域全体の安定と発展に寄与するものであります。米中関係が改善の方向に向いはじめたことを歓迎し、わが国と中国の両国民が国交正常化25周年を心から祝福できるよう相互信頼に基づく両国関係の発展に努めるとともに、中国のWTO早期加盟の支援などにより中国と国際社会との一層の協調を促します。

日本の総理大臣の施政方針演説の中にわざわざ、中国のＷＴＯ加盟についてつけ加えているのです。なぜ中国のＷＴＯ加盟を支援するかというと、中国の国際社会のいっそうの協調を促すというのが建前です。

しかし、現実には加盟してからの中国と国際社会の協調はむしろ乱れた。中国は経済力が強まれば強まるほど増長してますます横暴になり、それが対立を生んで、いまや国際社会にとっては最大の脅威になったのはご承知のとおりです。

日本の国益より中国の国益

繰り返しますが、私は橋本氏についてのこの証言と朝日新聞の記事を読んで、その所業が信じられなかった。日本の首相、日本の政治家が日本の国益よりも中国の国益増進のためにそこまで頑張るとは思わなかったのです。

日本の国益増進のために橋本氏が何か大きな業績を上げたかと聞かれて、おそらくだれも思いつくものはないでしょう。しかし、彼は中国の国益には大いなる貢献をした。

しかもこの中国の国益、すなわち中国の国力の増大は、まさに日本と世界にとっての脅威となったのです。

政治家としての最後の時間をかけて、首相という職をかけて、そこまでやる――。その背後に何があるのか、何に取りつかれていたのかは、私にはわかりません。

一説によると、彼は中国でハニートラップにかかったということですが、その事実を私は確認していない。ただ、そういう可能性も十分あり得ると当初から取りざたされていた。もし自分の下半身のために中国の脅威をつくり出したとするならば最低ですが、そんな単純な話とも思えません。

諸外国首脳からあやしく思われても、とにかく中国のために頑張らなければならないというのが、橋本氏のG7におけるスタンス。

結論として言えるのは、橋本氏は中国の利益のために情熱を燃やした日本国首相だったということです。

黎明編での5人は、中国に力をつけさせるための5人でした。途上国である中国に地力をつけさせる、世界に対して戦える力をつけさせるために尽力した。つまり、日中関係の中で中国に貢献した。

しかし、橋本氏は世界、G7を舞台にして中国のために貢献したのです。彼の役割は中国の首相よりすごいのです。なぜなら中国の首相はG7に参加する資格がないのですから。彼は中国のために、まさに中国の代理人としてG7に参加して、世界に扉を開いたのです。

中国共産党から彼のところにどういう指示が届いたのかは、私にはわからない。しかし、実態を見たら日本のためにG7に行ったのではないことは明白です。中国のWTO加盟のために、中国の代理人としてG7を使った。

WTOに加盟するということは、世界市場に打って出られるということ。それが日本の3倍のGDPへとつながるわけです。

中国の脅威拡大において、ものすごく大きな突破口をつくってしまった。これはODA援助以上に大きかったと言えるでしょう。

中国の言い分を正しいと言い続け謝り続けた政治家
脅威編2

とにかく「中国は正しい」

小渕政権で第63代内閣官房長官を務められた野中広務氏。２０１８年1月26日にお亡くなりになりました。

３日後の1月29日の環球時報に、中国の国務院新聞弁公室（国務院の広報担当局）の元主任であった趙啓正《ちょうけいせい》氏が登場して、故人となった野中氏の功績を称えました。趙氏と野中氏とは30年にわたる交流があったそうです。

趙氏は、まずは日本の政界関係者の言葉を借りて、「偉大なる先輩を亡くした。平和のともしびが消えた」と前置きして野中氏を讃えます。

野中氏が亡くなって平和の光が消えたのか？　戦争の暗黒時代になったのか？　と言いたいところですが……話をすすめましょう。

さて、野中氏と30年来の交流のあった彼はどのように彼をほめているのでしょう。

野中氏は代表団を率いて南京を訪問したことから、帰国後に右派から猛抗議を

受けた。ところが、野中氏は初志を変えず、日本と中国の協力促進を続けた。

野中氏が1998年に南京を訪問したときの、いわゆる南京大虐殺をめぐる話です。そして、彼の業績をあげる。

中国が高速鉄道発展の検討中と知ると、野中氏は何度も日本の新幹線の成功経験を通じて、中国と協力することで日中関係の発展を掘り下げるべきだと表明した。

これは中国が高速鉄道をやろうというので、「わかった。日本の新幹線の技術を全部差し上げましょう」ということです。

さらに中国側の視察、試験用として、日本が先に上海と昆山の間に高速鉄道を建設することも提案しています。

2002年5月、日本の在瀋陽総領事館に脱北者の駆け込みがあり、中国側の武装警察が日本の領事館の中から引っ張り出して追い出したということがありました。

南京大虐殺記念館を訪問する野中氏
写真：毎日新聞社 / アフロ

当時、日本でも、中国の武装警察が日本の領事館の中に侵入したというのは大問題になりました。しかも日本領事館に入る亡命者を勝手につまみ出した。

これに関しては外務省のホームページの情報を見て事実確認したいと思います。

在瀋陽総領事館事件

1．日本の立場

（1）事実関係

（イ）8日午後3時頃（現地時間同2時頃）、北朝鮮人と見られる5名が我が方在瀋陽総領事館に入館を試み、総領事館の入口附近で中国公安当局ともみ合いになった。その間、2名は総領事館館内に入ったが、その他の3名は中国公安当局により敷地内から引きずり出され、入口附近で取り押さえられた。

（ロ）館内に入った2名は総領事館査証待合室に駆け込んでいたが、駆けつけた中国公安当局により取り押さえられた。

（ハ）現場にいた我が方総領事館員が中国公安当局に対し、これらの者を移動させないよう求めたが、結局、これら5名は瀋陽市公安局に連行された。

（2） 日本の立場

（イ）今回の事件については、中国との間で事実関係の確認及び再発防止を含め、毅然と対処していく考えである。

（ロ）事実関係に関し、武装警察による総領事館敷地内への立入り及び関係者5名の連行について、総領事館側の同意があったとの事実はない。

（ハ）関係者5名の処遇をめぐっては、人道上の観点が配慮されることが重要である。こうした観点からも、今後の中国政府の対応を、日本を含む国際社会全体で注視していくことが重要と考える。

（二）日本としては、引き続き、国際法及び人道上の観点から、冷静かつ毅然として対処しつつ、中国側との協議を通じ、本問題の早期解決に向けて全力を尽くしていく考えである。

これは明らかに日本の主権に対する侵害です。その事件が起きたとき、幸か不幸か趙氏は日本に来日していた。日本での記者会見で趙氏は、「中国の武装警察が職務を、職責を忠実に守り、毅然たる姿勢で日本総領事館の安全を守ったと聞いて、彼らの敬意を表すべきだ」と発言したのです。

環球時報の趙氏の文章に話を戻しますと、野中氏は趙氏と会ったときに「十分な理解をはっきり示し、中国の武装警察の兵士は本件で正しいことをしており、批判されるべきではないと話した」と。

もちろん総領事館の一件は、どう考えても中国に落ち度があって、やってはならないことをした。しかし、そのときに野中氏がとったスタンスは、中国側に立った肯定。とにかく中国は正しい、と。さらに、尖閣諸島の問題に関しては、以下のとおり。

尖閣について、野中氏は何度も筆者に対して、国交正常化した当時、日本の田中角栄首相と中国首脳が係争を棚上げすることで合意したと話していたと話した。野中氏は、日本側は同問題について中国と争うべきでなく、個人の利益目的でいちゃもんをつけている日本の政治家は批判されるべきだと何度も強調した。

田中氏と周恩来の間に棚上げの合意があるというのは、まったくのうそです。そして「日本側は尖閣問題について中国と争うべきではない」と。もう信じられないですね。

中国は日本の領土を勝手に自分たちの領土だと主張し、日本の主権と領土を侵害する。野中氏のスタンスである「日本は中国と争うべきではない」ということは、日本は領土を放棄する、ということでしょうか。日本の領土を守るというよりも、中国と争うべきではないというのは、日本の領土を中国に差し上げるという意味合いです。

趙氏は最後にこんなエピソードを紹介しています。


ある日、筆者（趙自身）が訪日することを知ると、野中氏（そのころはすでに引退していた）は京都の自宅から東京まで駆けつけ話をしてくれた。皆がこれに感動させられた。中国からの賓客が帰ろうとすると、野中氏は多くの日本の友人を率いて長い道を歩き、交差点まで送ると手を振り、別れを告げてくれた。


とにかく趙氏は野中氏をほめまくります。

中国が新幹線に興味を示したら、技術も何も差し上げます。中国と日本の間で総領事館の問題が起きると、「いや、中国は正しい。悪くない」というスタンス。

さらに尖閣問題に関しては、完全に中国の立場に立つのですから、中国にとってはとても都合がいい人なのです。

彼は自民党の幹事長まで務めた政治家です。自民党とはいったいどんな政党なのでしょうか。

「中国のみなさんに申し訳ない」

野中氏はあらゆる場面で中国のために頑張ります。たとえば2007年7月16日、岡山市の日中友好協会が公開講座を開催したのですが、すでに政治家から引退して社団法人日本中国友好協会名誉顧問となっていた野中氏が講演することになりました。

彼の講演の中で靖國問題にふれて何を言ったか、もう予測がつきますが、講演録に掲載された野中氏の言葉は次のようなものでした。

中国政府が日本の首脳の靖国神社公式参拝に反対するのは、日本政府の不誠実な政治のあり方に対する抗議であります。

靖國神社参拝は日本国内の話です。

日本の内政問題で、なぜ中国が抗議するのか。誠実であろうと不誠実であろうと、日本の政治の問題でしょう？　それに中国が抗議する。人権問題を指摘されると「内政干渉だ！」と大騒ぎする国が堂々と内政干渉をしているわけです。

靖國神社拝殿　写真：Masa / PIXTA

それでも、野中氏のスタンスは一貫して「日本が悪い。中国はちっとも悪くない」。瀋陽の領事館の一件も「中国は正しい。武装警察は正しいことをしている」。

靖國問題に関しては、問題とするのは「日本政府の不誠実な政治」。なんでもすぐに「日本は悪い」となる。

中国に対しては「どうぞ存分に他国の内政干渉をやってください」というスタンスです。

２０１２年４月16日に、当時の東京都知事であった石原慎太郎氏が米国ワシントンにおける講演において、所有者の同意を得て東京都が尖閣諸島を購入する予定であると表明しました。最終的には同年の９月に日本政府が沖縄県石垣市の尖閣諸島のうち、民間所有の魚釣島《うおつりじま》、北小島《きたこじま》、南小島《みなみこじま》の3島を20億5000万円で購入することを閣議決定しました。

この年の11月8日に野中氏は東京華僑総会で講演し、日本政府による島購入は、「尖閣諸島が日本の領土になったことを意味しない」と。まるで意味がわかりません。根底から日本の領土であることを否定しているとしか思えません。

さらに、「日本は日中両国の前の世代の政治家の『係争棚上げ』のコンセンサスを遵守し、島購入に関しては真剣に反省すべき」と発言しています。

靖國神社の参拝に関しては、「日本の政府は不誠実な政治をやったから、中国が抗議した。日本は悪い」。尖閣の土地の購入に関しても「日本が反省すべきだ」と。しかも日本政府があの土地を購入したとしても、日本の領土になったことを意味しないとは、どういう意味でしょうか。

日本政府が所有者から島を購入するのは、日本の領土だからでしょう? 日本の領土でなかったら、日本政府はなぜあの土地を購入して国有地とするのか! それでも彼は日本の領土であることを否定している。しかし「意味しない」というのは、まさに中国側の「おまえたち、日本政府が土地を購入したけれど、あれは日本の領土じゃないよ」という言い分です。本当に腹が立ちます。

続けてさらに腹の立つエピソードをご披露します。

尖閣購入をめぐる日中の緊張が高まった2012年9月21日、野中氏は中国の国営テレビ局であるCCTV（中国中央電視台）の取材に応じて、尖閣問題についていろいろ語りました。

タイトルは「日本政府の不法な『尖閣購入』による中日関係亀裂　日本の元官房長官が中国にお詫び」。そのなかで彼は「こんな不幸な事件が起きたのは、まったく日本の人間として恥ずかしい。中国のみなさんに大変申し訳ない」と言っています。

中国人の漁船の船長が日本の海上保安庁の船に自船をぶつけてきた事件のことでしょう。しかし、この事件も、野中氏の目からすれば、「まったく日本人として恥ずかしい」となる。

一方的に日本の海上保安庁の船にぶつかってきたのが中国の〝漁船〟であるにもかかわらず、なぜ日本人が恥ずかしく感じなければならないのか。

野中氏がご存命だったら、中国が日本に侵攻したとしても、同じ台詞を吐くのではないでしょうか。「恥ずかしい。日本は侵攻されて中国に申し訳ない」と。

彼はＣＣＴＶインタビューの中で、もちろん歴史問題にもふれます。

長い間、戦争で多くの犠牲を残し、いまなお傷痕を癒し得てない。中国に対し、歴史を知らない若い人たちは、こういうことを抜きにして一つの対等の国としてやっているんです。

もちろん発言内容は大間違いなのですが、今度は「日本の若者たちが悪い」と言う。とんでもない発言です。

このインタビューの動画がＣＣＴＶのウェブサイトで掲載されると、ＣＣＴＶが野中氏のことを「日本の内閣官房長官を務めた日本政界の元老だ」と説明した上で、「日本による尖閣購入で日中関係が悪化し続ける中、日本側にも理性の声がある」と紹介しています。

結果、この捏造が中国の国民に〝事実〟として伝わってしまうわけです。取り返しのつかないことです。

尖閣棚上げ論

野中氏の発言は問題を起こしてばかりですが、私が最も許せないのが、彼が晩年、中国を訪問したときの発言です。

彼はすでに引退していて現役の政治家ではないにもかかわらず、2013年6月3日、中国側で当時、党内序列ナンバー2の劉雲山《りゅううんざん》という政治局常務委員と会談しました。なぜ中国側は最高指導部の一員である現役の政治局常務委員までを出して、すでに引退した〝いち元官房長官〟と会談したのか。

たとえば彼が現役の官房長官であっても、格として中国の共産党政治局常務委員の会談相手にはならないのです。

ところが、引退後にもかかわらず、格上と会談できた。そこには例の、田中首相が周恩来との間で尖閣諸島の「棚上げに合意した」というネタがあったからです。

それはまったくのうそですが、中国側にとってはとても「都合のいいうそ」なのです。

詳しく説明すると、1972年9月の日中首脳会談直後に箱根で開かれた自民党田中派の青年研修会で「尖閣諸島の領有権について日中双方が棚上げを確認した」と田中首相（当時）が語り、それを直接聞いたというのが野中氏の言い分です。
これを中国共産党幹部の劉雲山党政治局常務委員と会談した際に伝えたと、会談後の記者会見で明らかにしたという流れです。
この件に関しては、当時の産経新聞も「尖閣棚上げ論　中国の宣伝戦に手貸すな（2013年6月5日）」で疑問を呈しています。

野中広務元官房長官が北京で中国共産党の劉雲山政治局常務委員ら要人と会談し、「尖閣諸島の棚上げは日中共通認識だった」と伝えたことを、会談後の記者会見で明らかにした。

1972（昭和47）年の日中国交正常化交渉の際、当時の田中角栄首相と中国の周恩来首相との間で合意があったという趣旨の話を、田中氏から後に聞いたという内容だ。しかし、伝聞に基づく発言で、確たる証拠はない。

岸田文雄外相は「外交記録を見る限り、そうした事実はない」と否定し、「尖閣諸島は歴史的にも国際法的にも日本固有の領土だ。棚上げすべき領土問題は存在しない」と述べた。当然である。

死人に口なし

野中氏は田中角栄氏から直接そういう話を聞いたと主張するが、これはかなりあやしい。というのも、田中氏はこのとき、すでにこの世にいないのです。亡くなった人の話を根拠にするなんて、そんなのはいくらでもうそがつけるでしょう?

すでに亡くなった田中氏が野中氏にそういう話をしたかどうかは、だれにもわからない。さらに産経新聞はそのあやしさを「【阿比留瑠比の極言御免】尖閣『生き証人』のうさん臭い告白（2013年6月6日）」で以下のように指摘しました。

「当時のことを知る生き証人として、明らかにしたいという思いがあった」

野中氏はこう語るが、どうもうさん臭い。野中氏によると、昭和47年9月の日中国交正常化から間もないころ、箱根で開かれた自民党田中派の研修会で田中角栄首相（当時）から直接聞いたことだという。

だが、現職の首相だった田中氏が、当時は一介の京都府議だった野中氏（衆院初当選は58年）らに重大な「国家機密」を漏らすだろうか。研修会で語られた話が、今回の証言まで一切表に出なかったというのもあまりに不自然ではないか。

つまり首相だった当時の田中角栄氏に、下の下のぺえぺえの野中氏は接近できる立場ではないということ。同じ田中派でも、たとえば大企業の社長と平社員ほどの立場の違いがある。田中氏が、野中氏をつかまえてそういう話をすること自体がどう考えてもうそっぽいですよね。

第一に、亡くなった人の話を「彼が私にそう言った」と公的に表明するのは、政治家として不誠実極まりない。「死人に口なし」だからです。

田中角栄氏についてはこの本の黎明編の最初で取りあげました。田中氏が周恩来氏とのやり取りで「尖閣諸島についてどう思うか」と話を出しましたが、周恩来氏が「今回は話したくない。この話をするのはよくない」と言って話は終わりました。

終わったというのは、田中氏の章で指摘したように、この話を引っ込めてそれ以上追及しなかった。中国との国交正常化をするうえで、この問題は残したままで、議論がなされなかった。

しかし、だからと言って、田中氏と周恩来氏がこのやり取りで棚上げの「合意」がなされたかというと、そんな事実はまったくない。

結局、どう考えても、野中氏の虚言です。

このやり取りでは、だれが見ても合意があったとは言えない。周恩来の態度を見て、田中氏が引っ込めただけの話です。国家間のやり取りで、「もうこの件は棚上げだ」と合意したわけではない。

合意ならば本来、文書に残して調印しなければいけませんし、外交記録文書にも残ります。だから、野中氏の言っていることはまったく通用しない。だれのために、こんな虚言を吐くのか？　もちろん、中国のためです。

合意があったとする野中氏の論理からすれば、日本の島の購入は不当になる。中国の言い分が正しいと〝証明〟する（通用しませんが）ための捏造。しかもこのうそを中国共産党の最高指導部のメンバーのところへ献上する――。

これが彼の最後の中国訪問になったわけですが、野中氏の最後の政治行動が日本の主権を損なって中国の領土主張に貢献するためのものだったということは間違いないのです。

橋本龍太郎氏にしても野中氏にしても、「自らの政治生命をかけて中国のためならなんでもやる」という信念、熱い思いすら感じます。

まさに、中国の忠実な官吏と言うべきでしょう。

橋本氏は中国のためならばG7サミットの各国首脳をつかまえて、中国のために説得する。野中氏にいたっては、瀋陽領事館問題、靖國問題、尖閣問題でも一貫して、中国が正しい、日本は悪いとアピールし続ける。

最後は中国の言い分の正しさを証明するために、田中角栄氏が言ったかどうかだれもわからない話を捏造して共産党幹部に提供した。日本人全体にだけでなく、田中角栄氏個人に対する裏切りでもあり、侮辱です。

脅威編3

かつては江の傭兵
いまは習近平への
愛に溢れる政治家

2000年8月、北京の人民大会堂で河野洋平外相と会談する江沢民中国国家主席
写真：ロイター / アフロ

江の傭兵

河野洋平氏は、江沢民政権時代に「江の傭兵」、つまり、江沢民の傭兵と言われた人物です。江沢民政権時代、河野氏が江沢民にあまりにもベタベタしていたからこの渾《あだ》名《な》がついたようです。

政治家としては輝かしい経歴を持つ方で、１９６７年、30歳で衆院議員に初当選して以来、２００９年に引退するまで14回連続当選。新自由クラブ代表、科学技術庁長官などを経て92年に宮澤内閣官房長官、93年自民党総裁就任、94年には村山内閣で副総理・外相を務め、99年から２００１年まで外相、03年から09年まで衆院議長です。

中国への彼の献身についてはいろいろなエピソードがありますが、私がびっくりしたのは2021年、中国共産党建党100周年に河野氏が贈った祝電の内容です。彼の祝電は6月26日にCCTV（中国中央電視台）で大きく取りあげられ、中国共産党の公式サイトでもそれが宣伝に使われました。

彼はその祝電でどのようなメッセージを書いているのでしょう？

中国共産党公式サイトに掲載されている彼の言葉を日本語に訳すと……。

中国共産党は団結して中国人民を指導し、社会主義制度を打ち建て完全なものとしてきました。これは目を見張るばかりの輝かしい成果です。中国共産党が中国の発展をさらに大きく推進し、世界の平和と発展を守るためにさらなる貢献を果たすことを期待しています。

中国共産党の圧政下で苦しんだ人々は、これを読んでどういう気持ちになるでしょう。共産党が政権をとって七十数年です。どれほど国内の弾圧を行って、どれほどの人々の人権を踏みにじって、天安門だけでもどれほどの人々が殺されたのか。

こういう人々がいるにもかかわらず、河野洋平氏は公然と共産党の業績を賛美しました。もし彼が「中国の経済成長は輝かしい成果である」と言うのであれば、大目に見てもいいと思います。

しかし、この文脈からすれば、「社会主義制度を打ち建てたこと」が「輝かしい成果」なのです。これを読んで、「日本という民主主義国家に生まれた政治家・河野洋平よ、中共の社会主義制度はそれほど輝かしい成果ですか？　それなら、もう中国に行きなさい」と思うのは私だけではないはずです。

私のように天安門事件で多くの仲間を亡くした人間からすれば、これは中国共産党の悪行を無視して賛美するプロパガンダです。「あなたは共産党の犬になったのか！番犬になったのか！　恥ずかしくないのか！」と言いたいところです。

「中国共産党が中国の発展をさらに大きく推進し」というのはどうでもいい。次の「世界の平和と発展を守るためにさらなる貢献を果たすことを期待」の、さらなる貢献とはどういうことか？

これまで中国は世界の平和と発展のために何か貢献したでしょうか？

あちこちでもめ事を起こし、民族浄化も、武力による現状変更も当たり前、そんな国を「世界の平和と発展に貢献した」と評価する河野洋平氏を私は許さない。

「さらなる貢献を期待したい」とは、何を期待したいのか。

南シナ海での侵略的行動、台湾に対しての威嚇行動、あちこちで見せる覇権主義的な姿を河野氏はその目で見てきたはずです。

それに何を期待したいのか？　本当にどの口が言うんでしょう。

しかし、これで中国共産党は宣伝できるのです。「日本の衆議院元議長が、われわれは世界の平和に貢献していると認めている」と。

目の前の事実に目をつぶっても中国共産党のために弁明する、これは中国の代弁者になっていると言っていいでしょう。

「中国は脅威ではない」

ちょっと古い話ですが、2011年2月にダイヤモンド・オンラインに掲載された「河野洋平・前衆議院議長、日中関係の未来を語る！」という記事があります。

中国の脅威について彼は何を語っているかというと——。

（前略）いまや中国の経済成長は著しいものがあります。日本人はお互いに本音を言い合えない中国が、いつの間にか自分たちより強くなってしまったという大きな不安を抱えています。最近の中国脅威論は、そういった恐怖心に根差しているのでしょう。

彼のこの言い方からすれば、中国脅威論が生まれたのは、中国が脅威だから脅威論があるのではなく、中国が脅威だと日本人が勝手に不安を持ったからだ、ということです。この論調からすると、中国が脅威であるという事実を完全に否定。中国脅威論は、日本人の被害妄想だとでも言いたいようです。

さらに「中国の現状をありのままに受け止めれば、中国の脅威を必要以上に感じる必要がない」と続くのですが、ついにそこまで言ってしまいました。

中国の現状を見れば、中国の脅威は感じる必要ない、と。要するに、中国は脅威ではない。中国を脅威だと思ったのは、日本人の勝手なんだ、ということでしょう。

これは最近のエピソードですが、２０２３年1月7日にＴＢＳの「報道特集」という番組に出たときのもので、防衛費倍増、反撃能力についての談話です。そのなかで、何を言い出したかというと、防衛費を増やす前に中国と話し合う必要がある、と。

自分（中国）の言い分を正当化して押しかけてきている。それなら、やっぱり話し合う必要がありますね。その努力をどのくらいしたのか。外交関係でこの問題をテーブルにのせて真剣に議論したことはあるか。私はそういう情報を聞いておりません。

これは防犯装置を設置する前に、まず泥棒と話し合え、ということです。日本が防衛力を増強するのに、なぜ中国と話し合う必要があるのでしょうか。

これに対して、私の友人の門田隆将《かどたりゅうしょう》氏が翌1月8日に自身のX（旧ツイッター）で、次のように書いています。

日本の反撃能力保有に苦言を呈し〝外交力を〟と宣う河野洋平氏。外相時代にファミリー企業『日本端子』を北京進出させ、あり得ない好条件の合弁を受けた人。今年も日中経済協会&日本国際貿易促進協会共催の新年賀詞交歓会で

中国を利する挨拶。中国の暴挙には目を瞑るのが彼の信念。国民はもう騙されない

日本端子は1960年に設立され、河野洋平氏自身が会長で彼の次男の河野二郎氏が社長を務めています。同社は1995年に北京事務所を開設。また、北京日端電子有限公司というものをつくりました。しかし、日本端子が北京で会社をつくった当時、河野氏は村山富市内閣の副総理であり、外務大臣でもあったのです。

習近平の傭兵に

最近の河野洋平氏は習近平のための賛美、弁明に熱心です。ニッポンドットコムに「河野洋平・元衆議院議長に聞く」という連載コラムの「政治家の最大の目標は戦争をしないこと」という記事（2022年4月25日）があります。泉宣道《いずみのぶみち》氏が彼にインタビューしています。

泉　コロナ禍の前は日本国際貿易促進協会の会長として毎年春に訪中し、習近平国家主席や李克強首相らと会談してきました。中国首脳の印象をうかがいたい。

河野　李克強首相は、非常に有能な事務のトップという感じです。習近平国家主席は実直な、飾らない、偉ぶらない、しかし存在感はあるという感じの人です。

今、一番難しいのは、習近平氏がどのような人物であるかを見極めることです。本当に（今秋の中国共産党大会を経て）終身、主席をやりたいと思っているのか。案外そうではなくて、中国のこれまでのリーダーと同じように与えられた仕事だけは、人が何と言おうと頑張ってやるという人なのか。

習近平氏が「中国の夢」や「中華民族の偉大な復興」の演説をしたのは、本当に世界を抑え込む大国を目指しているのか。そうではなくて、14億の民《たみ》、少数民族を一つにまとめて中国を発展させる目標を掲げるという意味で演説したのか、もう少し幅広く研究する必要があるのではないか。

河野氏が「習近平はすごい人」と言うのを、私は別に批判はしない。私からすれば、習近平は本当にどうしようもないばか、いんちきもののばかです。河野氏がそう思うのは勝手ですから、まあいいでしょう。

「習近平氏がどのような人物であるかを見極めることです。本当に終身、主席をやりたいと思っているのか。案外そうではなくて……」とはどういうことか？　だって習近平主席はそのとおりのことをやったでしょう？

「中国のこれまでのリーダーと同じように与えられた仕事だけは、人が何と言おうと頑張ってやるという人なのか」とはいかに？

習近平は終身独裁者を目指して鄧小平のルールを破って続投したのです。中国の国内がそれを擁護するのはわかりますが、なぜか日本人の河野氏が、習近平氏の個人独裁体制を肯定し美化しているのです。

さらに「習近平氏が『中国の夢』や『中華民族の偉大な復興』の演説をしたのは、本当に世界を抑え込む大国を目指しているのか」と河野氏自ら問題提起をして、そのうえで「そうではなくて、14億の民、少数民族を一つにまとめて中国を発展させる目標を掲げるという意味」という、美しい話に置き換えてアピールしている。

このインタビューからわかるように、河野氏のなかに溢れているのは「習近平への愛」なのです。習近平を陰《かげ》に陽《ひなた》にとにかく賛美する。

2009年12月、来日した習近平をエスコートする河野氏
写真：新華社／アフロ

習近平は「実直、飾らない」と、まず人柄をほめる。そして、習近平は別に終身独裁をやるつもりはなく与えられた仕事をやりたいだけという〝オリジナル設定〟を語る。

最後には、習近平が民族の復興を唱えるのは、世界を抑え込む大国を目指すためという脅威論に対して「いや、そうではないでしょう」と否定するのです。

2023年7月、訪中する河野氏と玉城デニー沖縄県知事
写真：代表撮影／ロイター／アフロ

江沢民氏が存命中は、河野氏は江沢民愛に溢れ「江の傭兵」と呼ばれていました。いまは習近平愛に溢れ、習近平様のために奉仕しています。

習近平の傭兵、いや飼い犬ですかね。中国共産党の中でも、江沢民と習近平、両方に奉仕した共産党幹部もそんなにいないと思います。

となると、彼ほど素晴らしい幹部候補はいないと言えましょう。

脅威編4

快も不快も中国基準
惜しみなく東シナ海の
資源を捧げる政治家

共同開発という名の献上

福田康夫氏も中国の脅威をつくった一人です。彼は大学卒業後、丸善石油株式会社に勤務して、1990年から衆議院議員になりました。2000年から04年まで森内閣、小泉内閣の官房長官を務めました。07年9月に第91代内閣総理大臣に就任し、ほぼ1年の任期中、彼が日中関係で犯した一番大きな罪は東シナ海のガス田共同開発です。

そもそも東シナ海の排他的経済水域及び大陸棚は日中間で境界が未画定で、日本は日中中間線を基にした境界画定を行うべきであるとの立場をとっています。

中国はいまだ境界が画定していない状況において、日中中間線の西側において一方的な開発行為を進めてきました。

境界線ギリギリなので鉱床が日中中間線を越えている可能性があるため、一方的な開発行為を中止せよというのが日本のスタンスです。

深刻なエネルギー問題を抱える中国は、2003年8月、日中中間線から4㎞中国側の春暁《しゅんぎょう》（日本名「白樺」）ガス田の開発に着手し、パイプラインや生産設備を建設してきました。

そこで、福田首相が出した案が中国との共同開発です。

中国がすでに開発に着手している春暁のガス田で、日本も一緒に開発して共同掘削をする、と。そう決着をつけました。2007年12月、福田首相は訪中し温家宝《おんかほう》首相と会談、ガス田問題の早期決着に向けた決議を共有しました。

訪中し温家宝首相(右)との会談に臨む福田首相
写真：ロイター / アフロ

温家宝総理との会談・昼食会（概要）＊外務省ホームページより
【4．東シナ海資源開発問題】
双方は、これまでの協議を通じて相互理解が一層深まり、具体的解決策についても積極的な進展が得られたことを確認。同時に、両総理はこの問題を早期

に決着させるという断固たる決意を共有し、今後も協議を継続し、一刻も早い解決を目指すことで一致した。

両国首脳の東シナ海問題に関する新たな共通認識

①双方は、2007年4月に達成された両国首脳間の5つの共通認識の精神を引き続き堅持し、東シナ海を平和・協力・友好の海とすることを確認した。

②双方は、既に協議のレベルを格上げして、東シナ海問題の具体的解決の方策について真剣に実質的な議論を行い、積極的な進展を得た。

③双方は、局長級の協議の枠組みを維持すると同時に、必要に応じて引き続き次官級の協議を行い、日中関係の大局の観点から、また、国際法にのっとり、これまでの進展を踏まえて共に努力し、できるだけ早期に解決策について合意を目指す。

④東シナ海問題を適切に解決することは日中双方の利益に合致する。双方は、

来日した胡錦濤主席
写真：ロイター／アフロ

両国関係を更に発展させる過程の中で
できるだけ早期にこの問題を解決する
よう努めることに同意した。

そして翌年２００８年5月、胡錦濤主席が日本を訪問して日中首脳会談を行い、東シナ海資源開発問題については「双方は、これまで有益な協議が積み重ねられ、大きな進展があり、長年の懸案に解決の目処《めど》が立ったことを確認。今後、更に細目を詰め、できるだけ早期の合意で一致」となりました。

当然、それはやってはならないことです。そもそも日本の排他的経済水域内のガス鉱床は日本の資源です。なぜ中国と共同開発しなければならないのか？　この「共同開発」という弱腰の主張をした時点で、中国が強硬に日本の資源を搾取するという暴挙を容認したことになるのです。

共同開発に合意して福田首相は「長年の懸案に解決の目処が立った」と言ったのですが、本来は自分たちのもの。つまり、日本の主権と権限を大きく損なった合意なのです。

防衛省が日本の外務省ホームページを通じて提供した東シナ海にある中国の海上プラットフォームの証拠写真（2015年3月撮影）提供：防衛省/AP/アフロ

考えてみたら、いままで挙げた政治家の首相経験者は、首相の間に必ず中国のために何か大きな仕事を成し遂げています。首相になったら必ず一つ、中国のために大きな仕事をやらなければならないというのが決まりになっているかのようです。

福田氏が1年間の首相時代に、日本のためにどんな大仕事をしたのかは、さっぱりわからない。しかし、中国のために大仕事をしたことは確実です。これは事実上の侵略容認です。

外務省のホームページには「中国による東シナ海での一方的資源開発の現状」（2023年6月5日更新）という最新の資料があります。

中国による東シナ海での一方的資源開発の現状　令和5年6月5日

①近年、中国は、東シナ海において資源開発を活発化させており、政府として、日中の地理的中間線の西側で、これまでに計18基の構造物を確認している。

②東シナ海の排他的経済水域及び大陸棚は境界が未画定であり、日本は日中中間線を基にした境界画定を行うべきであるとの立場である。このように、未だ境界が画定していない状況において、日中中間線の西側においてとは言え、中国側が一方的な開発行為を進めていることは極めて遺憾である。政府としては、中国側に対して、一方的な開発行為を中止するとともに、東シナ海の資源開発に関する日中間の協力について一致した「2008年6月合意」の実施に関する交渉再開に早期に応じるよう、改めて強く求めているところである。

残念ながら、「長年の懸案に解決の目処」は立っていません。

台湾への内政干渉

私が非常に問題だと考えているのは、２００７年12月の温家宝との首脳会談を終えて、福田氏が台湾問題でほぼ完全に中国の立場に立ったことです。

温家宝総理との会談・昼食会（概要）＊外務省ホームページより

【6．歴史・台湾】

（1）温総理より、歴史と台湾問題は、日中関係の政治的基礎、台湾は中国の核心的利益である旨述べ、国連加盟についての公民投票の動きは、両岸及び地域の安定を脅かすものである旨述べ、懸念を表明。

（2）福田総理より、振り返ることがつらいような歴史であればこそ、しっかり直視すべき、それを伝えるのは我々世代の責務、将来に誤りなきよう期すことが私の仕事、我が国は、平和国家としての歩みを続けていく、広く中国国民にも理解して頂き、未来志向の日中関係をめざしたい旨述べ、来週北京で開催される歴史共同研究への期待を表明。

（3）福田総理より、我が国の台湾に関する立場は、日中共同声明にあるとおりであり、何ら変更はない、心から平和的解決を望んでおり、そのための対話の早期再開を強く希望している、したがって、一方的な現状変更の試みは支持できない、この観点から、台湾の公民投票を巡って両岸に緊張が高まるようなことは望んでおらず、また、これが一方的な現状変更につながっていくのであれば、支持できない旨表明し、温総理よりこれを評価。

当時、台湾は民進党の陳水扁《ちんすいへん》政権でした。台湾の陳水扁総統が進める国連加盟の是非を問う住民投票についてふれていますが、台湾の国内の住民投票はまぎれもなく台湾の内政問題です。

しかし、福田首相は、「緊張が高まることは望んでない。一方的な現状変更につながっていくのならば支持できない」という方針を表明している。

これは台湾に対するあからさまな内政干渉です。

台湾の国民投票、住民投票は台湾のなかの話です。福田首相は温家宝の前で中国のために公然と台湾に対する内政干渉を行ったことになります。

台湾に対する内政干渉までして、温家宝の歓心、中国の歓心を買ったのです。

快も不快も中国基準

福田氏は首相在任中にもう一つ、中国のために心を尽くした仕事をしました。

彼の在任中に北京五輪（２００８年）が開催されたのですが、当時中国はチベットをめぐる人権問題で国際的な批判を浴びていました。同年3月に起きたチベット自治区でのデモで武力鎮圧を行ったことで、中国に対する批判の声が高まったのです。

同年4月、ニューヨークに本部を置くＮＧＯ団体「ヒューマン・ライツ・ウォッチ」

2008年3月、チベット自治区のデモの様子
提供：www.Phayul.com/ ロイター / アフロ

は各国首脳に対した公開書簡で２００８年北京オリンピックの開閉会式への参加について「オリンピック開催国選考の際の中国政府の公約を含む中国の人権状況の具体的な改善が見られることを条件に参加を決定されるよう要請します」と述べています。

そして、その書簡で、各国首脳に対し、開閉会式に参加するには、中国が以下に示す4項目をクリアすることを条件にするよう要請しました。

①3月10日以来チベットで起きている事件について、国際的第三者機関（国連人権高等弁務官事務所による調査が望ましい）による調査を許可すること。

調査では、被拘留者へのアクセス、過度の有形力の使用、超法規的処刑、被拘禁者への拷問、恣意的な逮捕、中国国内法でも許されている抗議行動と暴動の同一視、表現・集会・結社・宗教の自由侵害、などの問題を対象にすべきである。調査結果はオリンピック開会前に公表されるべきである。

②オリンピックに先立ち報道の自由を実現するという公約に沿い、諸外国メディアにチベット地域での取材を許可すること。そして、当該報道の自由を、オリンピックの後も永続させ、中国国内ジャーナリストにも拡大すること。先頃、外国メディアを対象に、政府統制下のツアーが実施されたが、これを真の報道の自由の証しとすることはできない。実際、このツアーに参加した記者たちは、移動が厳重に監視され、報道が政府関係者によって制限されていたとコメントしている。

③自宅軟禁などの超法規的手段や国家転覆罪（5年以下の懲役）での実際に起訴するなどの方法で、政府を批判する者や抗議をする者の口をふさぐこれまで

のやり方を改めること。活動家・胡佳氏と楊春林氏は、公に人権を擁護し政府を批判したという理由で、国家転覆罪の判決を受け、それぞれ懲役3年半と5年を宣告された。

④スーダン政府に対し、政府軍とその協力民兵によるダルフール西部の一般市民に対する攻撃を即刻停止するよう、公に要求すること。UNAMIDが、迅速かつ妨害なくすべてのレベルで配備されるよう積極的に働きかけること。スーダン政府が中国の要求に沿わない場合には、国連安全保障理事会でのスーダン高官に対する制裁決議を支持すること。

日本でも自民党の外交関係合同部会でチベット問題をめぐり中国を批判する声が相次ぎ、出席者から北京五輪について「日本として毅然とした姿勢を示すべきだ」と、開会式のボイコットを求める意見も出ました。

これに福田首相は不快感を示したそうです。

中国に対してではなく、自民党の外交関係合同部会の意見に対して「中国政府も努力している最中、五輪に参加しないとか言うべきではない」と。中国のためには自民党内の反対意見も抑え込むのです。

各国のメディアや国会議員が反対するのはチベットで人権侵害があったから。ゆえにボイコット論が出る。福田氏が中国の人権抑圧に不快感を示したというのは一度も聞いたことがありませんが、人権問題でボイコットの意見が出ると不快になってしまうのです。

福田氏は、快も不快も中国基準なのでしょう。中国が困ることが、すなわち福田氏の不快。中国の利益になることが快、すなわち「喜び」です。

彼は2012年末に政界を引退したのですが、2018年6月に南京大虐殺記念館を訪問しています。いつものように中国外務省がそれを称賛しました。うそで塗り固められた南京大虐殺記念館を日本の元首相が訪問するというのは非常に罪深い。

福田康夫元首相が「南京大虐殺記念館」を訪問　中国外務省「歴史を正視」と称賛（産経新聞 2018年6月26日）

【北京=西見由章】上海で開かれた学術会議に出席するため訪中した福田康夫元首相は24日、「南京事件」の資料を展示する江蘇省南京市の「南京大虐殺記念館」を訪問した。中国メディアによると、福田氏は「南京大虐殺の犠牲者を深く哀悼する」と書かれた花輪を供え、同行者らとともに黙禱。「過去の事実を正確に理解しなければならない。もっと多くの日本人が記念館を参観すべきだ」と記者団に語った。

日本の首相経験者が同館を訪れるのは海部俊樹、村山富市、鳩山由紀夫各氏に続いて4人目。

旧日本軍の南京占領によって起きたとされる南京事件について、中国当局や同館は「犠牲者30万人」と宣伝。ただ日本側の研究では根拠のない誇張された数字との見解が定着している。

中国外務省の陸慷報道官は26日、「日本の有識者が歴史を正視し、平和を呼びかけた」として「称賛」の意を表明した。

彼は南京大虐殺記念館を訪問することで中国の主張する30万人の大虐殺を認めた。

日本の首相経験者で4人目です。

30万人の大虐殺を認めたことで、逆に中国に日本人を30万人殺してもかまわないという口実を与えることにもなってしまう。

中国のためになることは喜んでやる。それが日本を貶《おと》しめる、あるいは南京大虐殺のようなうそが真実のように流布されるための証拠材料を与えることになっても、中国に喜んでほしいのです。

北朝鮮には金正恩《キムジョンウン》の「喜び組」がありますが、日本の首相経験者を集めると、中国共産党のための「喜び組」が結成できてしまうと思いませんか。

「中国起源説は風評」

コロナウイルス中国起源説というものがあります。これは中国にとってたいへん困る〝説〟です。中国起源説が証明されれば、中国は莫大な賠償をしなければならなくなる。払わないでしょうが。

中国が窮地に立たされたら、「喜び組」の一人、福田康夫氏の出番です。

2021年10月27日、日本はまだコロナに苦しめられている真っ只中でした。都内のホテルで開かれた会合で講演した福田氏は、中国が新型コロナウイルス中国起源説に反発していることについて、「外から言っている風評だけで謝ることはない。米国は戦略的にイラクに大量破壊兵器があると言った。大国の言うことを信じていいかどうか、われわれの目で確認しないといけない」と。

つまり、彼は中国起源説は「風評」だと言うのです。たしかに中国起源説はまだ完全に証明されてはいない。証明されていないのは、中国側が情報を隠蔽したというよりも、証拠を全部廃棄したか、消滅させたからです。

さらに言えば、中国起源説を「風評」と言うのは、それこそ憶測でしょう？　非常に疑わしいことがどうして風評なのか。

とにかく「中国が困るとき、福田あり」なのです。

この講演の中で、福田氏は米中の軍事衝突の懸念について、「あり得ない。具体例を言えば、台湾海峡で戦争は起こり得ない」と断言しています。

しかし現に中国は2022年の8月、台湾周辺で大規模な軍事演習をやっています。しかも中国人民解放軍東部戦区は「これは、外部勢力と結託した台湾の独立勢力に対する深刻な警告だ」と声明まで出しているのです。彼の断言の根拠を詳しく聞きたいものです。

そしてクアッド（ＱＵＡＤ）に関しては「外務省か官邸の秘書官なのか知らないが中国包囲網…という注釈がよくない。中国国民が『けしからん』となる」と。あなたが気にするべきは中国国民ではなく、日本国民でしょうに。

さらに岸田文雄首相が「敵基地攻撃能力の保有も含め検討する」としていることに関しても苦言を呈しています。

「敵基地を攻撃するという言葉自身が、道に反することだと思う。日本と他国との関係をよくすれば、そうした議論はしなくて済む」

彼の言う「道」とは何の道でしょうか？

きっと、「喜び組」の〝道〟に反するのでしょうね。

「習近平主席はわれわれの指導者」

２０１９年10月26日、第15回東京－北京フォーラムの開幕式が北京で行われ、同フォーラム最高顧問の福田氏はそこで演説し「私は習近平主席が打ち出した人類運命共同体の提案を高く評価し、支持している」と述べました。

２０１３年３月、習近平氏は「人類運命共同体」というものを打ち出しましたが（モスクワ国際関係学院での講演）、そんなアジェンダには世界中のだれも反応しない。なぜ反応しないのかというと、習近平の言う人類運命共同体とは中国の支配の下での共同体という意味合いだということが、わかっているからです。

この講演での福田氏の言葉が気持ち悪すぎるのです。

「現行の国際秩序をよりよくするため、人類は共に努力している。習近平主席の提案はわれわれに方向を指し示し、みんなを大いに啓発した」と。福田氏からすれば、われわれに方向を指し示す習近平！　要するに習近平がわれわれの指導者だ、と。

しかも、「みんなを啓発した」なんて。

福田氏は北京で習近平のケツをなめまくっている。これはケツなめ行動以外の何ものでもないです。「いい年して、あんな独裁者のケツをなめるのか」と言いたいですね。しかも習近平は中国の指導者、独裁者であって、福田氏が「われわれ」と言ったら日本人も含まれてしまう。汚い言葉をあえて私は使います。ばか野郎。だれが習近平を日本の指導者にしたのか！

これが日本の元首相のなれの果てです。これにはあきれました。日本国の元首相が習近平の犬以下になり下がるとは——。

雑誌『世界』２０２３年2月号で彼は「習近平の中国とどう向き合うか」というタイトルでインタビューを受け、中国共産党史観に基づく言説を展開しています。きっと優秀な共産党員になれるでしょう。内容的には習近平氏の「喜び組」としての賞賛と弁明に満ちています。

習近平が中国の最高指導者に就任したのは二〇一二年。就任前の彼は、当たり前の考え方、将来の民主化を踏まえた考えを持っていたのではないか。

2014 年 10 月、訪中し習近平国家主席との会談に臨む福田康夫元首相
写真：代表撮影 / ロイター / アフロ

この発言にはびっくりです。習近平氏が民主化なんて、だれが信じるのでしょう。やくざの親分に媚びて「やくざの親分はもともと善良なる市民の考え方だった」と言っているようなものです。さらに、習近平礼賛は続きます。

習近平氏については、汚職の摘発が「権力闘争」だと取り沙汰されますが、私はこれも中国を根っこから変えたいという彼の気持ちのあらわれのように思います。結果として統治を厳しくすることがあっても、それが目的ではない。中国という国家を取り戻すこと、「かつてのような文化の誇り高い、一大国家にしたい」ということが、習近平氏の最終的な狙い、「夢」なんだろうと思っています。

一生懸命、〝誤解〟を解こうとしています。

欧米や日本は、急拡大する中国を覇権国家だとみなして、軍事力の増強に対する警戒感を強めています。これに対して中国は、他国と争うことは極力避けたい、覇権主義を求めることはしない、ということは再々言っているわけです。中国は軍事力を持たない国家が蚕食されてしまったという歴史的経験を持っている。そのため、当然、自分たちも強くならなければいけないという思いがあります。

これはもはや中国共産党の宣伝要員と言っても語弊がないのでは？　日本の元首相が日本の雑誌に登場して、習近平を礼賛し、〝誤解〟を解こうと必死になっている。そしてそのためにはアメリカ批判も辞さない。

中国は台湾をいずれ統一したいと考えているのだと思います。そもそも日本は、台湾は中国の一部だとする「一つの中国」の立場を堅持するとしています。しかし一方、アメリカは「曖昧戦略」をとっております。この傾向が最近、強くなっているようです、しかし、このような曖昧な立場をいつまでも取り続けることは騒動の種になりますね。

日中国交正常化 50 周年 記念レセプション（2022 年 9 月 29 日）。
右から河野洋平氏、二階俊博氏、林芳正氏、福田康夫氏、十倉雅和氏、孔鉉佑氏
写真：つのだよしお / アフロ

福田氏からすれば、騒動が起きるのは、中国が台湾を一方的に併合したいからではなく、アメリカが曖昧だから騒動が起きるんだ、ということです。

中国が台湾に手を出したとき、台湾を助けるかどうか、はっきりとは言わないアメリカが悪い、と。

中国と日本の間に何かあったら日本のせい、中国とアメリカの間に対立が起きたらアメリカのせいと、とにかく一貫して中国の立場を擁護するのが福田氏の〝道〟のようです。

ＣＳＩＳ認定対中融和派
日中友好議連会長を
務める政治家
脅威編５

CSIS認定

最後は二階俊博氏です。お亡くなりになっていたり、引退していたりという方々ばかりでしたが、締めは現役政治家の中国への貢献を検証していきましょう。

二階氏で有名なエピソードといえば、〝CSIS認定〟の取得です。

2020年7月にアメリカの有力政策研究機関のCSIS（戦略国際問題研究所）がアメリカ国務省の支援下で制作した報告書「日本における中国の影響力」に、「安倍晋三首相の対中政策を大きく動かす二人の人物」として名前が挙がったことです。安倍政権に影響を与える対中融和派、一人が今井尚哉《いまいたかや》という首相補佐官、もう一人が二階氏でした。

米有力研究所が安倍首相側近を「対中融和派」と名指し　古森義久
（産経新聞2020年7月27日）

米国の有力政策研究機関「戦略国際問題研究所」（CSIS）が米国務省の支

2022年9月、日中国交正常化50周年記念レセプションでスピーチする二階氏
写真：つのだよしお / アフロ

援で7月下旬に作成した報告書に安倍晋三首相の対中政策を大きく動かす人物として今井尚哉首相補佐官の名前が明記されていることが明らかになった。報告書は、今井氏が長年の親中派とされる自民党の二階俊博幹事長と連携し、「二階・今井派」として首相に中国への姿勢を融和的にするよう説得してきたと指摘。米側の日本の対中政策への認識として注視される。

報告書は「日本における中国の影響力」と題され、CSISが国務省の「グローバル関与センター」の支援を得て作成され、公表された。中国の統一戦線工作部などの諸機関が日本に対し、どのように影響力を行使し、どのような結果を得ているかについての広範な調査に基づいている。

(中略)

報告書は「中国の日本でのシャープ(鋭い)パワー・汚職」という項目で中国がかかわる日本では珍しい汚職の事例として統合型リゾート(IR)事業をめぐる汚職事件で、収賄罪で起訴された衆院議員の秋元司被告の中国側との関係などについて詳述していた。秋元被告が自民党の二階派所属だったことも強調し、次のように述べていた。

「自民党の二階俊博幹事長の名から二階派と呼ばれる自民党のこのパワフルな派閥は親中派である。同派閥は『二階・今井派』と呼ばれることもある」

対日融和策要員

古森義久氏がこの報告書の内容を月刊『ＷｉＬＬ』２０２０年10月号でかなり詳しく分析しています。『米国に「媚中」と名指された二階幹事長と今井補佐官』と題された記事には、これまで二階氏が日中関係で、あるいは米中関係でどういう役割を果たしてきたのかについても書かれています。

いままで中国はアメリカと関係が悪くなると、だいたい日本に接近してきました。ここまで読まれた方なら「また、あのパターンか！」と思われるでしょう。

中国が困ったときには、日本には福田康夫氏もいれば、二階氏もいる！　ということです。

アメリカとの対立が厳しくなると、中国は日本に対して友好姿勢を示すわけですが、そのとき動員されるのが二階氏なのです。

古森氏は以下のように語っています。

２０１５年5月にも二階氏は自民党総務会長として約３０００人の訪中団を連れて北京を訪れた。習近平国家主席とも友好的に会談した。このときも中国はそれまで尖閣諸島や歴史認識で日本には厳しい言動をとっていた。だから二階訪中団への歓迎は唐突にみえた。

その背景にあったのが、またアメリカの対中姿勢の硬化だった。中国による

2015年5月23日、中国・北京の人民大会堂で行われた中日友好交流会議で、二階俊博自民党総務会長と手を取り合う中国の習近平国家主席。写真：ロイター／アフロ

南シナ海での無法の軍事拡張、東シナ海での威圧的な防空識別圏宣言などに対し、融和志向だったオバマ政権もついに反発し始めた。

日米間では新たな防衛協力のための指針が採択されたばかりだった。日米同盟の画期的な強化だった。2000年当時の米中関係や日米同盟の状況と酷似していたのである。

今回も同様だった。トランプ政権の対中政策の先鋭化は冒頭で報告したとおりである。

中国側のアメリカからの重圧を少しでも減らそうと、その同盟国の日本との関係は良好なのだという演出をするようになった。

その対日融和策の演出を受けて、日本側で先兵となるのがいつも二階氏なのだった。この中国側の動きをあえて演出と呼ぶのは中国側の対日政策は実際には変わっていないからである。

第一には中国は日本固有の領土の尖閣諸島を武力ででも奪取するという言動を続けている。

第二には中国国内での年来の反日教育を変えていない。

第三には日本のミサイル防衛など安全保障強化の政策にはすべて反対する。

第四には日本の首相など公人が自国の戦没者慰霊のために靖国神社に参拝することにも干渉する。

第五には日本人の研究者やビジネスマンを一方的に拘束し、その理由も開示しない。

二階氏はこの現状について中国政府に日本側の苦情や要求を伝えることはまったくない。中国への文句が皆無なのだ。そしてただただ「友好」とか「善隣」という曖昧な言葉で日中間の親密さを強調する。

これまで中国が日本に対して尖閣諸島を奪取する言動を続ける、反日教育をやる、靖國神社の参拝に干渉する、あるいは日本の研究者やビジネスマンを拘束するといったことに対して、二階氏は中国政府に日本側の苦情、要求を伝えることはまったくないし、中国にいっさい文句を言わない。

しかし、中国に必要とされると訪中する。「これでは中国のために頑張る自民党幹事長ということになるではないか」と古森氏は言いたいのだと思います。

一帯一路礼賛

二階氏といえば「一帯一路」です。

かつて橋本龍太郎首相は中国のＷＴＯ加盟の旗振り役だった。二階氏は一貫して習近平が打ち出した一帯一路構想に熱心に協力しています。

一帯一路構想ははっきり言って詐欺です。麻生太郎氏の言葉を借りれば、「やくざの闇金商売」です。相手国にお金を貸し出して、返済できなくなったら相手の主権や利権を奪うというもの。２０１９年４月、二階氏は人民日報の日本語版でのインタビューで一帯一路について話しています。

「『一帯一路』は偉大な構想だ」と二階氏は語る。２０１７年５月、二階氏は日本政府代表団を率いて北京での「一帯一路」国際協力サミットフォーラムに出席した。帰国すると直ちに自民党内に「一帯一路」研究会を立ち上げ、「一帯一路」構想に対する与党の認識と理解を後押しした。二階氏は、中国が国際社会の中心へと近づくにつれて、中国の理念、中国の知恵、中国の案、中国のチャンスへの世界の注目が高まっていると考える。「習主席の打ち出した『一帯一路』構想及び人類運命共同体の構築という理念は時宜にかなない、遠大な卓見と計り知れない意義がある。私はこれに深い称賛と賛同の意を表する」。

習近平主席が打ち出した一帯一路構想及び人類運命共同体……。福田康夫氏と同様に「人類運命共同体」が出てきましたね。

――時宜にかなない、遠大な卓見と計り知れない意義がある。私はこれに深い称賛と賛同の意を――。やっぱりみなさん習近平のかゆいところがどこなのか、実によくわかっているようです。

日本国民が何を欲しているかはどうでもいい。どうすれば習近平様が喜ぶかに心を砕くのが習近平の「喜び組」の生きる道なのです。

首相経験はありませんが、二階氏も習近平の「喜び組」のメンバーに加わる資格は充分にあります。いや、確実に「喜び組」と言って差し支えないでしょう。

楊尚昆との対談

ジェイビープレス（ＪＢｐｒｅｓｓ）に２０２１年３月に掲載された紀尾井啓孟《きおいひろたけ》氏の記事「中国外交『総元締』の二階氏、親中路線の源流を探る」を見てみましょう。

二階俊博は数百人、時に何千人もの民間人を率いて外国を訪問する。最高動員記録は２００２年９月の「日中国交正常化30周年記念式典」に伴う訪中である。約１万３０００人の日本人が人民大会堂に駆け付け、中国側の度肝を抜いたことは有名だ。

二階氏は県議時代、すでに2回ほど中国を訪問しているそうです。そこはまだいいのです。

問題は3回目です。3回目の訪中は1989年9月下旬。天安門事件からわずか3カ月。おそらく北京はまだ戒厳令下だった。そして当時の中国は西側諸国から厳しく非難され、国際社会で孤立していたのは宮澤喜一氏の章でも書いたとおりです。

彼は奥田敬和《おくだけいわ》氏の経世会の訪中団で、約60人の民間人を連れて訪中した。それは紀尾井啓孟氏の記事にも書かれています。

昨年12月、1989年の天安門事件に関係する外交文書が公開された。当選2回生の二階の名前が出てくるのがやはり興味深い。1989年9月7日付の外務省の「秘　無期限」とされた文書には、同月28日から奥田や二階の北京入りすることが記されているのだ。奥田とともに訪中した二階は、天安門事件の鎮圧を主導し、戒厳令を敷いた当時の国家主席の楊尚昆、国家副主席の王震と会談した。

中国人はみんな知っているように、天安門鎮圧の指示を出したのは鄧小平ですが、具体的に実行したのは楊尚昆《ようしょうこん》です。

彼は天安門事件のわずか3カ月後に楊尚昆と会談している。まさに殺人者に塩を送る行為。それ以来、二階氏は中国共産党の協力者であり続け、一番大きくかかわったのが先述した一帯一路です。

二階氏は2019年4月24日、安倍晋三首相の特使として中国を訪問し、北京で習近平国家主席と会談、安倍氏の親書を手渡しました。

ニューズウィーク日本版2019年4月26日の遠藤誉氏の記事「中国に懐柔された二階幹事長——『一帯一路』に呑みこまれる日本」にその様子が書かれています。

> 安倍首相の特使として訪中した二階氏は、「安倍首相の代わりに」25日から北京で開催されている「第二回一帯一路国際協力サミット・フォーラム」に参加するだけでなく、「中国とのこの件（一帯一路）に関する協力を強化したい」

第２回一帯一路国際協力サミットフォーラムのハイレベル会合で演説する二階氏
写真：新華社 / アフロ

と習近平に述べている。会談では「習近平主席が提案なさった一帯一路は巨大なポテンシャルを持った壮大な構想で、中国がこの構想を通して世界と地域に重要な貢献をしていることを、日本は積極的に高く評価している」とも言っている。

産経新聞は２０１９年４月24日の記事で二階氏が会談後に記者団に語った言葉を伝えています。

米国などは一帯一路の持続可能性や透明性について懸念を示しているが、二階氏は会談後、記者団に「今後も互いに協力し合って（一帯一路を）進めていく。米国の顔色をうかがって日中の問題を考えていくものではない」と強調した。

日中友好議連

同盟国アメリカの顔色はうかがわない、敵に回してもかまわない。その覚悟で中国の一帯一路を支援したいというのが二階氏のスタンスです。

いままで日本の政治家、首相が在任中に中国のために大きな仕事を成し遂げてきたのは本書で語ってきたとおり。

さかのぼると改革開放の最初の段階では中国にとって資金の足りないことが一番の課題。そのとき日本の首相はＯＤＡ（政府開発援助。すなわち円借款）を中国様に差し上げた。中国にとってＷＴＯ加盟が何よりも必要となってくると、その実現のために尽くす。エネルギーを欲すると日本のガス鉱床を献上する……。加えて尖閣に対する領有権を主張すると、「棚上げ合意済み」とでっち上げる。

習近平氏が一世一代のプロジェクトである一帯一路を推進すると、前例に違わず二階氏がそれに喜んで協力する。ゆえに2023年4月に二階氏が日中友好議員連盟（以下、議連）の会長に就任すると、中国当局は早速「うれしく思う」と、リップサービスを欠かさない。福田氏と立場は同じです。

週刊エコノミストオンラインで田原総一朗氏が二階氏にインタビューした記事（2023年2月2日）に興味深いコメントがありました。

田原　二階さんにとって習近平はどういう政治家か？

二階　あの大中国を従えているわけだから類い稀《まれ》な実力を持っているんでしょう。我々は外交上お互いに敬意を払わなければならない。

田原　そこで本題だ。先の共産党大会で習近平さんは台湾は必ず統一する、武力行使も辞さずと強調した。

二階　自由主義国家として許すことのできない発言だ。日本は堂々とそれに対し意見を述べていくべきだ。ただ一方で、習近平さんも自らを鼓舞する意味を込めたところもあるかもしれない。

田原　党大会向けに言わざるを得なかった？

二階　自ら力んだのでしょうね。武力行使なんて今の時代にできるわけないですよ。私はしないと思う。

台湾問題において二階氏は福田氏と同じことを言っていますね。とにかく中国は台湾に侵攻しない、と。

一帯一路に話を戻すと、2023年10月17日から2日間、中国政府主催の第3回一帯一路国際協力サミットフォーラムが北京で開催されました。しかし蓋を開けてみると、会議は一帯一路という世紀の大プロジェクトの凋落《ちょうらく》を浮き彫りにする結果となりました。というのも、1回目、2回目のサミットに国家元首や政府首脳を出席させた多くの欧州、アジア重要国が今回、元首・首脳級の出席を見送ったのです。

2017年5月に北京で開催された1回目のサミットには、フィリピン大統領、マレーシア首相、スイス連邦大統領、イタリア首相、スペイン首相、チェコ首相、ギリシャ首相、ポーランド首相らが出席。しかし今回のサミットにはこの8カ国からの元首・首脳級は出席していません。

19年4月に開催した2回目のサミット（二階氏が参加）には、1回目参加の前述の

8カ国首脳以外に、ポルトガル大統領とシンガポール首相が出席しましたが、今回のサミットには、この両国からの首脳級参加もありません。

つまり、一帯一路は、いままで関係していた欧州諸国のほぼ全員から見切りをつけられた結果となり、東南アジアからも離脱国が出始めているというわけです。

実績面においても一帯一路の凋落ぶりは明白で、プロジェクトの中核を担う中国の国策銀行であるアジアインフラ投資銀行（AIIB）が開業してからの投融資累計総額は23年5月現在で412億ドル（約5・7兆円）であり、当初想定の半分程度。また、発展途上国への融資は、18年に過去最多を記録してから大きく減少し、21年は約150億ドル（ピーク時の4割程度）にまで減ってしまいました。

一帯一路はすでに衰退期に入っていることは明白です。これではさすがに二階氏の献身でもどうにもならないでしょう。

橋本龍太郎氏は中国のために確実に大仕事を成し遂げましたが、二階氏はまだ成し遂げていません。――というか力が足りない。習近平様が全然喜んでいない。きっと「喜び組」としてはさらなる奮闘が求められていることでしょう。

エピローグ

中国・習近平を圧倒した安倍戦略の凄み、そして日本の対中外交のあるべき姿

本書の今までの記述は、田中角栄以来の多くの日本国首相や政権党の有力政治家たちが対中外交において中国に位負けしたり中国の国益に貢献したりするような無残な有様を、詳細にわたって描いた。

しかしそれでは、わが国日本には正しい対中外交を行った政治家は今まで一人もいなかったのか。日本国の首相は皆が皆で、中国のために奉仕するような情けない人物ばかりなのか。

もうしそうであれば国民の私たちにとってもはや絶望的な状況であるが、幸い、日本の首相にも、全くそうではない人物がいた。

エピローグとなる本書の最後の部分では、それこそ日本の国益増進とアジアの平和維持のために、素晴らしい対中戦略と対中外交を展開した政治家の一人を取りあげよう。彼の功績を讃えると同時に、日本のための対中戦略が「そうであるべき」見本を

示しておきたいのである。

取りあげたいこの日本の政治は言うまでもなく、故人となった安倍晋三元首相である。首相時代の安倍氏は一体、どのような対中戦略と対中外交を推進したのか。安倍氏が首相として再登板したのは2012年12月のことである。

そしてそのひと月前の11月、隣の中国では習近平氏は共産党総書記に選出された。翌年の3月に習氏は国家主席にも就任して、習近平政権が本格的なスタートを切った。したがって、2020年9月に安倍首相が退陣するまでの7年半、第二次安倍政権の対中外交の相手はまさに中国の習近平政権であって、安倍首相にとっての対中外交はまさに、中国の独裁者である習近平氏との対峙である。

それでは当時の安倍首相は、習近平というマンモス独裁者及び覇権主義の中国とどう対峙し、どう闘ったのだろうか。

実は、習近平政権成立後の最初の数年間、当時の安倍首相は習主席にとってあるいは中国にとって、まさに無視すべき存在であって、あるいは上から見下ろすべき存在であった。

2013年3月に国家主席に就任して以来の数年間、習氏は「主席外交」を積極的に推進し、欧米諸国はもとよりアジアの主要国をほぼいっぺん通りに訪問した。

しかしその間、彼が主席として日本を訪問したことは一度もないし、安倍首相を中国訪問に招いたこともない。その時の習主席は文字通り、「日本無視」の外交を展開していた。

習主席が安倍首相と初めて会談したのは2014年11月、彼自身が主席になって1年半以上も経ってからのことである。しかもそれは、安倍首相が北京開催のAPEC会議に出席したから実現できた会談であった。習主席はホスト国の元首として各国首脳全員と個別会談したため、その流れの中で安倍首相と会った。

そして安倍首相との会談で習主席は、冒頭の握手から笑顔を見せたことは一度もなく、終始一貫の仏頂面であった。

さらに驚いたことに、中国側の設定した会談の会場においては、各国首脳との会談の時には両国の国旗が左右に掲げられているのに対し、安倍首相との会談の時だけは国旗が飾られていない。

それは明らかに、日本国と安倍首相に対する蔑視の意思表明であろう。習主席は安倍首相を相手とする対日外交のスタートの時点から、傲慢にして高圧的な態度に出た。

幸いなことに、日本の安倍首相は、習近平ごときものの傲慢外交に一歩も退かなかった。首相に就任した時点から、安倍氏はむしろ、中国と習近平の存在を完全に無視した形で、世界全体を相手に積極的首脳外交を展開していった。

２０１３年1月、安倍首相は就任後初めての所信表明演説では「地球儀外交」という名の外交理念を打ち出し、世界全体を見渡して、自由・民主主義・基本的人権・法の支配といった普遍的価値に立脚した壮大なる外交戦略の展開を宣言した。

そして、同じこの年の1月から安倍外交はスタートした。

1月12日には岸田文雄外相（当時）が豪州を訪問して安保協力の拡大を含めた戦略的パートナー関係を強めた。1月16日から、今度安倍首相自身はベトナム、タイ、インドネシアの3カ国を歴訪し、自由と民主主義、基本的人権、法の支配といった普遍的価値を同じくする国々と関係を強化していくとの理念において、安全保障分野での連携も含めた諸国との関係強化に務めた。安倍首相の掲げる「地球儀外交」は順調に滑り出したのである。

それ以降の数年間、安倍外交はまさに「地球儀を俯瞰する外交」としてこの地球上で全面的に展開されていった。

筆者が数えたところでは、２０１３年から２０１６年までの4年間、安倍首相は世界の60数カ国を訪問し、国連総会や首脳級会議などの国際会議には20回以上も出席した。

こうした「地球儀外交」の展開において安倍首相は終始、自由・民主・基本的人権などの普遍的価値観を基本理念として掲げているが、この点からしても、安倍外交は最初から、自由と人権抑圧の独裁国家である中国を向こうに回して、同じ価値観を共有する世界各国による対中国包囲網形成を目指していたと言っていい。

安倍首相はさらに、第1回目の安倍政権の時に打ち出した「自由と繁栄の弧」の戦略を再登板させ、それを安倍外交の基本戦略の一つとして押し進め、「自由で開かれたインド・太平洋」の構想実現を目指していた。

もちろん、「自由と繁栄の弧」にしても、「自由で開かれたインド・太平洋」の構想にしても、誰から見てもそれは、インド・太平洋地域における独裁国家中国の覇権主義拡張戦略の推進に対抗するものであって、膨張する中国の封じ込めを狙っているものである。

こうした安倍外交に一つの転機が訪れたのは、２０１６年11月のアメリカ大統領選

における トランプ氏の当選である。この年の11月8日におけるトランプ氏の当選を受け、日本の安倍首相は迅速に動き出した。

大統領選が終わって10日もたたない11月9日、安倍首相はニューヨークでトランプ次期大統領と会った。そしてこの会談において安倍首相は、外交にはまったくの未経験者のトランプ氏に対して中国からの脅威の深刻さを説き、たっぷりと対中政策のレクチャーを行った。

おそらく、まさにこの会談において、超大国アメリカの舵取りを任されたトランプ氏の対中認識の基本が形成され、トランプ政権の対中政策の方向性が定まったのではないか。

世界各国首脳の誰よりもいち早くトランプ氏との会談を実現させた安倍首相は、トランプ氏を動かしたことでそれからの米中関係を動かし、太平洋地域の国際政治を大きく動かすこととなった。

その後の展開はまさに安倍首相の思惑通りとなった。

トランプ政権下では米中対立が深まる一方であって、オバマ政権下での米中「親密関係」は完全に過去のものとなった。

その一方、トランプ大統領と安倍首相との関係の緊密化・親密化が急速に進み、それに伴って日米同盟はより一層強化されてインド太平洋地域における対中包囲網形成の中核となった。

こうした中で2017年11月、今度はベトナムで開かれたAPEC会議の中で、安倍首相と習主席との首脳会談が再び行われた。

会談冒頭の写真撮影の時、習主席はそれまでの態度から一変して満面の笑みを浮かべた。それを報じた日経新聞の記事が「習氏、初めての笑顔」と驚いたようであるが、考えてみれば、あれほど傲慢無礼の習主席が笑顔を見せた理由は簡単だ。要するに、安倍首相の強《したた》か外交の展開で、安倍首相自身と日本の立場は強くなったからだ。

その後も安倍外交の快進撃が止まらない。

安倍首相が提唱した「自由で開かれたインド太平洋構想」は徐々に実現する方向へと進む一方、2018年6月にカナダで開かれた先進7カ国（G7）首脳会議では多くの国際問題にかんして安倍首相が首脳間の議論を主導する立場となって、欧米間の裁定役にもなった。安倍首相はこれで国際政治に大きな影響力を持つ世界的な指導者の一人となった。

こうなると、安倍首相の習主席に対する立場、そして日本の中国に対する立場はより一層強くなるのは当然のこと。果たして、このような立場の逆転を象徴するような日中首脳会談が持たされた。

２０１９年12月、日中韓首脳会談参加のために中国を訪れた安倍首相は北京で習主席との単独会談を持ったが、その中では安倍首相はなんと香港問題、ウイグル問題に言及して、習主席に自制と情報の透明化などを求めた。

つまり安倍首相はこの会談において、習主席の最も触れたくない問題を持ち出して「そんなことは止めた方がいい」と説いたわけであるが、その時の安倍首相はもはや習主席の傲慢外交に我慢しなければならないような存在ではなく、むしろ国際政治の大局と道義的な高みから習主席を説教する立場に立った。

世界全体を大舞台にした安倍外交の展開はこれで、独裁者の習主席自身と巨大国の中国を完全に圧倒することとなった！

以降、安倍政権の対中外交と国際戦略は着々と成果を上げていったが、２０２０年9月、安倍氏は長年の持病が再発したために自ら首相の座を降りた。

そして安倍政権の終了後においても、安倍元首相が提唱したインド・太平洋戦略から、日米豪印の4カ国連携（クアッド）や米英豪3カ国連携（オーカス）などの対中国の国際連携が成立し、安倍戦略は今、インド太平洋地域の国際政治を動かす大きな力となりつつある。

以上、安倍首相推進の中国包囲網構築の国際戦略の全容を垣間見たが、田中角栄以来の歴代首相の行った対中外交を思い出すと、まさに隔世の感があろう。

特に第二次安倍政権になってから、わが日本国にはやっと、国益のための正しい対中外交が生まれて、そして世界の平和に寄与するための日本発の国際戦略が成立した。

そういう意味では、安倍元首相こそは戦後史において、最も正しい対中戦略と対中外交を実践した稀有な政治家として歴史に残るであろうが、この傑出した元首相が故人となった今、彼の残した「安倍外交」という大いなる遺産、特に、「普遍的価値観をベースとしたインド太平洋安全保障戦略」という大いなる遺産は、今後におけるわが国の国際戦略と対中外交の指針となるべきではないのか。

日本の政治と政治家は二度と、中国に媚びて中国という脅威の巨大化に手を貸すような愚を繰り返してはならない。

これから、いかにして中国からの脅威に対抗して日本と世界の平和を守っていくのか。このことこそが日本の国際戦略と対中外交の基本の中の基本となろう。

今こそ、われわれ日本人は、今までの半世紀以上の失敗と成功の教訓を心に銘記して、あらゆる「媚中外交」や「利中外交」に永遠のさよならを告げるべき時ではないのか。

石 平　せき・へい

1962年中国四川省成都市生まれ。1980年北京大学哲学部入学。1983年頃毛沢東暴政の再来を防ぐためと、中国民主化運動に情熱を傾ける。同大学卒業後、四川大学哲学部講師を経て、1988年留学のために来日。1989年天安門事件をきっかけに中国と「精神的決別」。1995年神戸大学大学院文化学研究科博士課程修了。2002年『なぜ中国人は日本人を憎むのか』（PHP研究所）を刊行して中国における反日感情の高まりについて先見的な警告を発して以来、日中関係・中国問題を中心に評論活動に入り、執筆、講演・テレビ出演などの言論活動を展開。2007年末日本国籍を取得。2014年『なぜ中国から離れると日本はうまくいくのか』（PHP研究所）で第23回山本七平賞を受賞。『やっぱり中国経済大崩壊！』『中国経済崩壊宣言！（髙橋洋一氏との共著）』『習近平帝国のおわりのはじまり』『習近平・独裁者の決断（峯村健司氏との共著）』（以上ビジネス社）、『BC221-2023 脅威と欺瞞の中国皇帝政治二千年史 日本人が知らない異世界「中国」の行動原理を見抜く』（徳間書店）など著書多数。

中国の脅威をつくった10人の政治家

第1刷　2023年11月30日

著　者／石 平

発行者／小宮英行
発行所／株式会社徳間書店
〒141-8202　東京都品川区上大崎3-1-1 目黒セントラルスクエア
電話　編集03-5403-4344／販売049-293-5521
振替　00140-0-44392

印刷・製本／大日本印刷株式会社

ISBN978-4-19-865714-7